JN111388

中国朝鮮族の移動と東アジア

Korean Chinese Migration and East Asia
Research on the Trajectory of Former International Students in Japan

元日本留学生の軌跡を辿る

編著＝権香淑・宮島美花

彩流社

中国朝鮮族の移動と東アジア　目次

まえがき

中国朝鮮族と日本

中国朝鮮族は、中国の55少数民族のひとつであり、主に中国の東北地方に集住してきた約200万人のコリアンである。中国では「朝鮮族」というが、日本で紹介される際には、中国の少数民族であることを明示しようとして、「中国」の「朝鮮族」という意味で、「中国朝鮮族」と表記されることも多い（本書においては朝鮮族とも略す）。吉林省の中朝国境沿いには、延辺朝鮮族自治州があり（朝鮮族人口は約80万人）、独自の少数民族政策に則った「区域自治」が行われている（本書では「延辺」と称する）。

朝鮮族の形成過程は、日本との関連が深い。戦前の朝鮮半島からの移住の契機（古くは17世紀、とりわけ19世紀後半以降、朝鮮半島北部の自然災害、日本による朝鮮半島の植民地支配、中国東北地方における「満洲国」建国という歴史的経緯）はもちろん、戦後の中国建国後においても、日本の文化的な遺産が朝鮮族社会の形成に影響を及ぼし続けた。それは、日中国交樹立（1972年）後の改革開放（1978年）を経て間もなく開始された中国人留学生の来日の波につながり、彼（女）らは、やがてはグローバル化する東アジアを跨いで活躍する人材として、注目を集めるようになっている。

本書は、このような流れを実証的に捉えるべく、中国朝鮮族の「元日本留学生」をキーワードに据え、朝鮮族の日本への留学後における国境を越えた繋がりやありようについて考察することを目的とする。具体的には、朝鮮族の来日とコミュニティ形成の推移にもとづき、留学後の移動と定住をめぐる調査を踏まえ、移動もしくは定住を通した当該社会における位置づけ、日本留学との因果関係、人的資本、社会関係資本、文化資本の活用を決定づける局面および諸条件などについて、実態的な解明を目指している。いわば、朝鮮族の「越境的な社会空間」を構成する諸要素への日本の影響を探る試みである。

これまでの研究と本書の意義

留学のみならず、朝鮮族の様々な移動をめぐるこれまでの研究は、主として「移動の把握の仕方」と「移動対象の分析範囲（単位）」といった二通りの基準によって大別しうる。前者は、移動を取り巻く社会的環境や経済構造（外的要因）、移動者に埋め込まれた文化的特性（内的要因）、さらにはそれらの外的／内的要因の両者を複雑に絡み合う連続として包括的に捉える観点から明らかにされてきた。他方、後者においては、近年、移動先におけるコミュニティ、受け入れ地および送り出し地の両社会を跨ぐ越境的な社会空間、そして移動の送り出し地のなかでも、とりわけ農村地域の変化に注目した研究も活発に行われている。

後者の研究には、相対的に朝鮮族の元日本留学生によってなされた研究が少なくないのだが、本研究との関連においては、特にこのことを強調しておく必要がある。本書が、どのような学問的意義を有しているのか、ということと関わるが、ここでは二つの観点から触れておこう。

その意義とは、まず「元日本留学生」の動向をとらえること、そのものから浮かび上がる。日本で学んだ留学生たちのその後の動向を把握することは、当事者たちの軌跡を辿り事実関係を明らかにする意味も然ることながら、関連する諸政策や教育などを総体的に評価するテストケースとして位置づけられる。同時に、世界のグローバル化に対応する形で強化されつつある各国の移民政策、とりわけ１９９０年末以降に顕在化した選別的な移民政策が東アジア諸国においても顕著であることから、移動性が高いエスニック集団として知られる朝鮮族のなかでも、元日本留学生の動向を把握することで、そのダイナミズムを捉えうるものと思われる。

いまひとつは、朝鮮族の「元日本留学生」をとらえる多元的な視点に含意される。すなわち、中国人というナショナルな次元に包摂されてきた従来の研究視角における限界を乗り越え、朝鮮族の「越境的な社会空間」の内実に迫る本格的な研究は、これまで割愛されながら重視されてこなかったエスニックな次元に重きを置きつつ、日本の影響に関する多角的な展望を示すことになる。このことは、近年、齟齬や軋轢が顕著な東アジア諸国間において、望ましい共生の在り方をめぐる知見を獲得するうえでの一助になるのみならず、東アジアにおける日本の立ち位置を改めて捉えなおす格好の契機にもつながろう。

本書の構成

本書は、全6章と補論により構成される。第I章は、朝鮮族史研究の第一人者による論考であり、朝鮮族の移住史を東北アジアという地域的な観点から捉え、主に、朝鮮族移住史の争点や中国における研究状況に触れながら今後の課題を示している。この論考では、朝鮮族の移住過程そのものが一国史の枠組みを越えており、重層的な地域の視点から多角的に捉えることによって、初めて包括的な理解が可能であることが示される。

基本的な移住史を踏まえたうえで、第Ⅱ章では、朝鮮族の来日をめぐる経路依存的な状況をたどり、本研究における時間軸として、中国人留学生の来日の大きな流れのなかでも、朝鮮族のそれに着目した三つの時期区分（草創期、確立期、発展期）とその特徴が述べられる。次いで第Ⅲ章から第Ⅴ章までは、第Ⅱ章で示された時期区分を前提に分析が展開される。

第Ⅲ章では、草創期における朝鮮族の来日を方向づけた要因を、初期留学生たちへのインタビューによって明らかにしている。第Ⅲ章の著者自身も草創期に来日した当事者であり、その経験やネットワークを活用した論考となっている。第Ⅳ章では、朝鮮族の形成過程において養われた文化資本が、留学後の移動や子どもの教育にどのように活かされ、かつ影響を及ぼすのかについて、複数の事例から考察を行っている。第Ⅴ章では、日本の留学生政策の展開のなかに朝鮮族の事例を位置づけ、先行研究を通して傾向を確認したうえで、次世代教育の受け皿となっている日本の学校教員へのアンケート調査を分析し、政策面における喫緊の課題を提示している。

第Ⅵ章は、日本語教育に携わってきた当事者のライフストーリーである。本文で明記されているように、第Ⅵ章の著者が日本語と出会うきっかけを作ったのは、朝鮮半島に生まれ、１９３０年代に日本留学を経て、在満朝鮮人として生き、戦後に中国朝鮮族となった人物（石熙満画伯。本書のカバー画を参照）であった。歴史的な蓄積のなかに朝鮮族の日本語をめぐる文化資本があることはもちろん、著者が日本語教育や研究に携わりながら、中国、日本、北朝鮮、韓国を移動し続ける状況は、おのずと東アジアという時空間を俯瞰させてくれる。

最後の補論では、量的調査の結果分析から各章の議論を統計的に裏付ける。従来の研究において指摘されてきた傾向が再確認されるとともに、日本文化との親和性に関する傾向や、「移動する文化」を踏まえた「拠点形成としての定住化」といった概念が新たに提示される。

なお、本書に掲載されている図表のうち、出典表記のないものについては、すべて各章の執筆者が作成していることを付記しておく。

第Ⅰ章

東北アジアの視角からみた朝鮮族移民史
——研究現況と今後の課題(1)

孫春日
（谷川雄一郎 訳）

1 はじめに

現在、中国朝鮮族は中国56の民族の一つとして分類されている。しかし、歴史的に見れば朝鮮族は中国の土着民ではなく、外来民族として17世紀初頭、すなわち明末清初から、１９５０年の朝鮮戦争に至るまでの３００余年間という長い歳月を経て、朝鮮半島から中国東北地方へ絶えず移住し、今日の中国朝鮮族となったのである。朝鮮族の中国東北地方への移住は、東北アジアの他の地域に移住した朝鮮人らと同様、多事多難だった近代東北アジア情勢と切り離すことはできない。戦争、自然災害、政治的迫害、強制移民などが、彼らが海外に移住した主な原因であった。このような意味で中国朝鮮族はアメリカ、日本、ロシアなどの地で生きている朝鮮人らと同様、朝鮮半島をルーツとして派生した朝鮮民族の一系統であり、また、ディアスポラ（diaspora：離散民族）である。

周知のように、今日、グローバル時代に至り、国際移民という人類社会の大移動の中で、多くの中国朝鮮族が再び新しい移動を始めた(2)。韓国、アメリカ、日本など広範な国際社会が彼らの進出先となり、その目的はよりよい人生を創造するためである。驚くべきことは、彼らはこれらの国で新移民者らしくなく、いちはやく国際社会に適応し、新しい地で成功を収めているという点である。こうした現象を私たちはどのように見、解釈するべきなのか。過去多くの学者や研究者は、これを主に経済的原理でのみ解釈し、その原因を探ろうとした。しかしいまや、それだけではとても無力で説得力に欠けることを再三感じさせられる。今後はより広い視野で、さらに深層的な分析と客観的な研究が必要ではないかと考える。

このような観点から、本章では、まず東北アジアという大きな枠組みの中で、朝鮮族移住史を簡単に振り返り、同時に中国の学界の研究状況、筆者が考える今後の研究課題について検討しようとするものである。

2 東北アジアの変動の中における朝鮮人移住

中国朝鮮族移住史を振り返ると、近代東北アジア情勢と非常に密接な関係があることが分かる。換言すれば、朝鮮族移住史は、単に中国の一つの少数民族史としてではなく、東北アジアという大きな枠組みの中で眺めてこそ正確に説明できるという特徴をもつ。明末清初から始まった朝鮮族移住は３００年余りという長い歳月をかけ、中国で新しい民族共同体、すなわち朝鮮族が形成された。この長い時期をいくつかの段階に分けるならば、(1)17世紀初頭、すなわち明末清初期、(2)19世紀後半、(3)１９１０年の韓国併合期、(4)１９１９年の３・１運動期、(5)１９３１年の「9・18事変」(満州事変)期、(6)１９３７年の新規入植期、(7)１９４５年の光復期、[3] (8)１９５０年の朝鮮戦争期、に分けることができる。以下、もう少し具体的に述べてみよう。

(1) 17世紀初めにおける後金の朝鮮侵略と朝鮮捕虜

17世紀初頭、中国東北で女真族部落を統一したヌルハチとホンタイジは、１６１９年、サルフの戦いで明朝と戦って大勝を収めると同時に、明朝を助けて戦った1万５０００人余りの朝鮮軍を捕虜とした。そして１６２７年には丁卯胡乱（ていぼうこらん）、１６３６年には丙子胡乱（へいしこらん）を起こして朝鮮を侵略し、60万人以上の朝鮮人を戦争捕虜として遼東半島に連行した。後に、そのうちの一部分だけが朝鮮に戻ってほとんどが遼東に残った。現在の遼寧省蓋県（がいけん）、本渓県（ほんけいけん）、そして河北省青龍県（せいりゅうけん）に住んでいる「朴氏朝鮮族(4)」が、すなわち彼らの子孫である。

(2) 19世紀60~70年代の朝鮮咸鏡北道の自然災害民

１８６０~７０年代に朝鮮咸鏡北道（ハムギョンブクト）に激しい自然災害が立て続けに起きた。さらに朝鮮社会で「勢道政治(5)」が横行したので、民衆反乱が絶えず起き、人々は生きるのが困難になった。また、朝鮮の朝廷と朝鮮社会の咸鏡道人に対する差別があまりにも激しかったことから、この時期に咸鏡北道の災害民は朝鮮の南の方ではなく、大部分が豆満江（とまんこう）を渡り、中国の間島（かんとう）地域(6)に定着した。

(3) 韓国併合と朝鮮破産農民

１９１０年、日本は韓国を強制的に併合した。そして朝鮮総督府は１９１０年から１９１８年まで、いわゆる土地調査事業を実施し、多くの朝鮮農民の土地を奪って東洋拓殖会社に譲渡し、「換位移民」政策を推進した。すなわち、略奪した土地を日本人たちに安値で売り、多くの日本人たちを朝鮮半島に引き入れ、破産した朝鮮農民を満州に誘致したのである。

(4) 3・1運動と反日移民

韓国を併合した日本は植民地朝鮮に対して世界史上まれにみる「武断統治」を行った。残酷な植民地支配は朝鮮人の民族解放、国家独立に対する強い欲望を呼びおこした。3・1運動はまさにその産物である。[7] しかし日本帝国主義の残酷な弾圧を受けると、朝鮮の反日志士たちは平和的なデモで朝鮮の独立を勝ち取るのは不可能であることをすぐに認識し、大量に豆満江、鴨緑江(おうりょっこう)を渡って中国東北地方に移住し、反日独立運動を行った。今日、中国東北各地に散在している朝鮮独立運動の遺構の大部分はこの時期に建設されたものである。

(5)「9・18事変」と自由移民

1931年、「9・18事変」(満州事変)が勃発した後、日本の関東軍は3ヶ月のうちに全東北を強制占領し、翌年3月、傀儡政権である「満洲国」を建国した。日本軍のこのような勢いに多くの朝鮮人は独立を勝ち取ることは不可能だと考え、自暴自棄になり、中国東北地方で展開された反日独立運動も一つひとつ消え始めた。代わりに日本の「王道楽土[8]」という宣伝のなか、どの時期よりも多くの朝鮮人が中国東北に移住した。

(6) 中日戦争と計画移民

1937年、中日戦争（日中戦争）が勃発し、前線での軍事物資の需要が急増すると、すぐに日本は満州移民政策の一環として日本人「20年百万戸移民計画」を推進した。朝鮮人に対しても「新規入植」政策を推進したが、朝鮮移民は1年に1万戸に制限することにした。その原因は、日本で朝鮮人強制連行が始まり、多くの青壮年が必要だったためである。その結果、中国東北地方に移住する朝鮮移民が減少したのに対し、日本に強制連行された朝鮮人の数が急増した。

(7) 光復後の朝鮮半島への帰還

1945年になると在満朝鮮人は230万人に達した。光復後、祖国が解放されたという喜びもあったが、多くの朝鮮人は光復直後、中国東北地方で「政治土匪[9]」による迫害、略奪、虐殺に遭い、また国民党東北軍事機関の「韓僑財産没収政策[10]」により、およそ100万人に達する朝鮮人が朝鮮半島に帰った。結果、中国東北に残留した130万人の在満朝鮮人が今日の中国朝鮮族になった。

(8) 朝鮮戦争勃発と戦争難民

1950年、朝鮮戦争が勃発すると、多くの朝鮮人、特に戦争孤児が中国東北地方に避難して来た。中・朝両国の合意によって多くの朝鮮エリートと孤児がやって来たが、戦争を避けて逃げて来た朝鮮人も多くいた。朝鮮戦争が終息するとすぐに朝鮮エリートと孤児は帰国したが、一般朝鮮人は様々な原因によりずっと中国に残り、後日、中国の「朝僑」[11]になった。

以上、300余年になる中国朝鮮族移住史を8つの段階に分けて略述した。このように、中国朝鮮族の移住は歴史的に東北アジアの政治の渦と密接な関係があるということが分かる。

3 中国の学界の研究現況

中国の学界で朝鮮族移住史の研究は、ほとんど半世紀の間に進行したが、事実上延辺(えんぺん)大学を中心とする朝鮮族の学者によって研究が進んだといっても過言ではない。

その過程を見ると、まず1950年代から朝鮮族の歴史についての研究が始まったが、主に資料を収集して整理する段階であった。本格的な研究は文化大革命が終息してから間もない1980年代からだった。この時期における関連する研究成果を広く調べると、『朝鮮族百年史話』(第1、2、3集、玄龍順など編著、遼寧人民出版社、1982~1985年)、『朝鮮族簡史』(朴昌昱・金風珏・高永一・黄龍国・崔洪彬共著、延辺人民出版社、1986年)、『中国朝鮮族歴史研究』(高永一、延辺教育出版社、1986年)、『中国朝鮮族歴史研究』(黄有福、遼寧民族出版社、1989年)などが代表的な著書といえる。このような研究成果は、厳密な意味で中国朝鮮族移住史に対する専門的な研究だとはいえないが、内容的には朝鮮族移住史についての基本的な歴史と観点が多く紹介されている。

1980年代末になり、河北省青龍県、遼寧省本渓県、盖県で朴氏姓を持っている朝鮮族が学界に紹介され、中国朝鮮族移住史についての研究は転機を迎えた。特に延辺大学の朴昌昱教授、権立教授をはじめとする朝鮮族歴史研究者は、当時修士課程にあった孫春日、姜龍範、劉秉虎などの学生たちを指導しつつ、この3県の朴氏姓の朝鮮族について系統的、全面的な社会調査を進めた。そしてそれを基に遼寧省档案館で関連する歴史档案と文献を探し、発掘した。

1987年、延辺大学民族研究所で初めて朝鮮族研究に関する専門書籍『朝鮮族研究論叢』（第1集）が編集・出版されたが、ここに朴昌昱教授「朝鮮族の入植及びその歴史の上限問題についての試論（原題：試論朝鮮族遷入及其歴史上限問題）」、孫春日「遼寧本渓県朴堡村朝鮮族社会歴史調査」、姜龍範「遼寧省盖県陳屯郷朴家溝村朝鮮族的社会歴史調査」、劉秉虎「河北省青龍県朴氏朝鮮族社会歴史調査」などの論文が掲載された。これらの論文で朴昌昱教授をはじめとする延辺大学の学者が朝鮮族の歴史の起源を明末清初と見なければならないという新しい観点を提起し、学界に大きな波紋を起こした。つまり、彼らはこれらの論文で朝鮮族の歴史の起源を17世紀初めと規定し、伝統的な19世紀後半期説を否定したのである。

延辺大学のこうした新しい観点は、もちろん当初から一部の学者によって多くの批判を受けた。特に当時存在した延辺社会科学院歴史研究所研究員は、河北、遼寧2省の朴氏の村を再度現地調査して延辺大学の学者が提起した朝鮮族歴史の起源17世紀説を批判し、多くの論文を出した。例えば1989年に『中国朝鮮民族遷入史論文集』という本が出版されたが、ここには、韓俊光「中国朝鮮族遷入史提綱」、金元石「朝鮮族歴史起源に対するいくつかの思考」、安華春「東北朝鮮族の遷入を論ず」、「朴家溝歴史から見る朝鮮族歴史の上限」、朴京才「明末清初遼東地区の朝鮮人と中国朝鮮族歴史の上限」、趙明哲「明末清初に河北省に移住した朴氏朝鮮族の同化問題」、崔峰龍「遼寧省朴家溝調査紀実」、魯徳山「遼寧省蓋県陳屯郷朴家溝朴氏居民歴史についての調査報告」、金鉄範「遼寧省本渓県山城子郷朴氏朝鮮族の国籍改正調査報告」、李光仁「鴨緑江流域朝鮮族の遷入」、潘龍海「中国朝鮮族歴史上限問題の見解」、金成鎮「中国朝鮮族遷入と形成」、千寿山「河北省青龍・平泉・承徳県朴氏家族についての歴史調査」など多くの論文が収録された。

これらの論文は主に延辺大学の観点を批判するのに力点を置いていた。仔細に見れば、その論争の本質は、遼寧省、河北3県の朴氏朝鮮人を朝鮮族と見るか否かという問題であった。

90年末になり、中国朝鮮族移住史研究は新しいレベルに到達した。その原因は文化大革命以後、初めて博士学位を取得した朝鮮族歴史専攻者などが続々と現れ、新しい歴史理論を導入し、多くの史料を発掘し、より系統的で質の高い研究成果が出てきたためである。例えば孫春日「清代江北に対する開拓と韓人に対する土地政策」(『清渓史学』13、1997年)、「清季東疆に対する経営と朝鮮辺民の冒禁遷入」(『韓国学論文集』第9集、北京大学韓国研究中心編)、金春善「1880～1890年代清朝の「移民実辺」政策と韓人の移民実態研究」(『韓国近現代史研究』、第8集、1998年)などの論文が続けて発表された。そして博士学位論文が次々と出され、あるいはそれを基に専門的な研究成果が正式に出版され、学界に大きな反響を起こした。例えば、孫春日『解放前東北朝鮮族土地関係史研究』(上・下、吉林人民出版社、2001年)、『「満洲国」時期朝鮮開拓民研究』(延辺大学出版社、2003年)、金春善『延辺地区朝鮮族社会の形成研究』(吉林人民出版社、2001年)、劉秉虎『在満韓人の国籍問題(1881~1911)』(韓国中央大学博士論文、2001年)、李花子『清朝と朝鮮関係史研究——越境交渉を中心に』(延辺大学出版社、2006年)などである。その他にも朴昌昱『中国朝鮮族歴史研究』(延辺大学出版社、1995年)、衣保中『朝鮮移民与東北地区水田開発』(長春出版社、1999年)などの著書も出版された。

特に2009年に中華書局から出版された孫春日『中国朝鮮族移民史研究』は、中国の学界では代表的な朝鮮族移住史関連の専門的な著書だと言える。同著は明末清初から1949年中華人民共和国成立前までの朝鮮族移住史を系統的に研究、整理して出版した著書として、放送、新聞などマスコミを通じて全国にたくさん報道され、学界、社会に大きな反響を起こした。

4 朝鮮族移住史の争点

現在、中国の学界で朝鮮族移住史と関連して争点化されている様々な問題がある。その中でも比較的代表的な争点は、中国朝鮮族歴史の起源問題、中国朝鮮族の国籍問題、朝鮮族の歴史と朝鮮民族の歴史の区分問題などである。

まず、中国朝鮮族歴史の起源問題を見ることにしよう。これは中国朝鮮族歴史の起源、すなわち移住史の起源をいつから規定するかという問題である。中国の学界では現在までこれに関連する様々な主張がある。例えば、明末清初、すなわち17世紀初頭説、19世紀後半期説、古朝鮮・高句麗土着民説、新羅・高麗時期説、および中華人民共和国説などである。その中でも最も鋭く対立する主張と観点は19世紀後半説と明末清初の２つの説である。この２つの主張をもう少し具体的に見れば次のとおりである。

19世紀後半期説、換言すれば中国朝鮮族歴史「百年説」ともいうが、この主張は中国の学界での伝統的な主張である。１９５９年、中華人民共和国成立後、当時中国国家民族事務委員会の組織下で初めて朝鮮族の歴史と社会に対する社会調査が進められた。ここに参加した研究員は朝鮮族の歴史に対する系統的で全面的な研究もなく、当時持っていた限られた研究史料と一部の朝鮮族の老人たちが回想した記憶によって朝鮮族の移住時期を19世紀60年代ないし70年代と推定したのである。

しかしこの観点は１９８０年代になり、ゆらぎ始めた。１９８７年、延辺大学民族研究所研究員は当時朝鮮族歴史研究の巨頭である朴昌昱教授の引率の下、河北省青龍県と遼寧省盖県、そして本渓県に住んでいた朴氏村落について全面的な社会調査をした。同時にこの社会調査と結びつく遼寧省档案館で彼らに関連する多くの歴史档案を発掘し、中国朝鮮族移住史の起源は19世紀後半期ではなく、明末清初、すなわち17世紀初頭とする新しい観点を提起したのである。特に朴昌昱教授は「朝鮮族の入植及びその歴史の上限問題についての試論」という論文を発表し、系統的にその主張を力説した（延辺大学民族研究所編 1987）。彼の主張によれば１９５９年以来、中国の学界が主張した中国朝鮮族歴史「百年説」は、当時朝鮮族歴史に対する研究がそれほど深まっていない状況の下、政治的な必要から提起された主張であったため、「実事求是」（実証に基づく真理の追究）ではあっても、客観的ではない結論であると主張した。

事実、中国朝鮮族歴史「百年説」は、当時の中国国内の政治情勢と不可分であった。1950年代はいわゆる「民族整風」、「反右派闘争」[12]といった政治運動が立て続けに行われた時期だったので、現実を重視しなければならないという政治的意識・観念の圧迫の下、基本的な歴史文献資料に対する研究もできないまま急に下された政治的な結論であった。朴昌昱教授は自らも1959年、朝鮮族歴史に対する社会調査に参加した当事者なので、その事実についてよく知っていたのである。

朴昌昱教授は論文で中国朝鮮族歴史の起源を明末清初と規定しなければならないという論旨を、系統的に主張した。その理由として、第一に、朝鮮族移住史の起源を研究するうえで、まず中国と朝鮮がいつから比較的緩やかな国境線があったのかを考察しなければならないが、1627年に朝鮮と後金が「江都会盟(こうとかいめい)」[13]を締結した後、中国と朝鮮には比較的緩やかな国境があったのである。第二に、朝鮮人が中国に定着したのか否かという点に注目しなければならない。これは朝鮮族移住史の起源を確定するのに絶対に必要な条件である。彼の主張によれば明末清初に遼東地域に移住した朝鮮人は大部分が中国に定着して生きてきた。第三に、明末清初に移住した朝鮮人は現在の中国朝鮮族と民族性、そして血縁的に直接的な関連があるということである。これは朝鮮族移住史を研究する前提条件である。

もちろん朴昌昱教授のこのような観点は現在も多くの学者によって批判を受けている。彼らは特に明末清初説の有力な根拠になっている朴氏の人々の民族意識に対して疑問を提起しており、彼らはすでに同化されたと主張する。事実、この問題は民族の定義と概念、そして民族同化をどのように規定するかという理論問題であり、今後もずっと明言されなければならない問題である。

次に、中国朝鮮族の国籍問題、すなわち今日、中国朝鮮族全体がいつから中国国籍を持つことになったかという問題である。現在の中国朝鮮族はすべて中国国籍を所有している。しかし歴史的に見れば時期ごとに差がある。例えば、清国時期、朝鮮人は「薙髪易服（ちはついふく）」(14)により中国人になったが、その割合は高い時で約8％、中華民国期の帰化入籍は約12％に過ぎない。「満洲国」期になると、もちろん在満朝鮮人は形式上みなが「国民」とされたというが、それは法的に何の効力もない。

すると現在の朝鮮族がいつから全部中国国籍になったのか。事実、この問題は現在まで学界で論争がなされていて、特に中国学者と韓国学者の間にも顕著な見解の差がある。韓国の学界、政界では朝鮮族が当初自由意志で国籍を選択できなかったと主張する。反対に中国の学界では中国東北解放戦争（国共内戦）の時期、朝鮮人はすでにみな自由意志で国籍を選択したとする。ただ、中国の学界と韓国の学界が共通で認めている点は、純粋に法的な視点で見た時、果たして彼らをいつから中国朝鮮族、すなわち中国国籍を保有したと見なければならないのかについては、法理で正確に解釈するのは難しい点があるということである。

事実、中国の学界内でも東北朝鮮人の大多数が具体的にいつ朝鮮族に変更されたのか、その時点と過程に対して見解の相違がある。一つめの見解は、中華人民共和国成立と同時に朝鮮族になったと主張するものである。この主張によれば中国共産党は1928年からずっと東北朝鮮人を中国少数民族と見なしていたことになる。ただ、全中国の政権を掌握できていない状況で、それは実現しにくかった。そして、1949年9月、北京で全国政治協商会議第一回会議が行われ、当時、中共延辺地委書記兼延辺専員公署専員であった朱徳海（しゅとくかい）が中国の朝鮮人代表としてこの会議に参加した。つまり、中華人民共和国の成立直前に開催されたこの会議には、全部で10の少数民族しか参加できなかったが、その中に朝鮮族があったという事実である。その後、中華人民共和国が成立してからいくらも経たずに『人民日報』が社説を発表し、朝鮮族はこれ以降中国の少数民族として、中国の公民の一つであると指摘した点を取り上げ、中華人民共和国成立からすべて中国朝鮮族になったと主張する。

もう一つの見解は、これよりもう少し早い1946年の東北土地改革から朝鮮人が中国国籍に変わったと主張するものである。1945年光復直後、東北に残留した130万人の在満朝鮮人は土地改革に参加して中国人と等しく土地の分配を受けた。伝統的な中国土地法で見れば外国人は中国で土地所有権を持てない。そうした意味から在満朝鮮人が土地の分配を受けたというのは、結局のところ彼らがすでに中国に国籍変更されたことを意味するというものだ。もちろんその時期は中国東北解放戦争（国共内戦）という特殊な時期なので、今日の法でその過程を解釈するには無理がある。

最後に中国朝鮮族の歴史と朝鮮人の歴史をどのように区分するかという問題だ。この問題は現実的に中国の学界で、さらに政界でも非常に敏感で難しい問題だ。例えば延辺地域で鳳梧洞戦闘（ボンオドンせんとう）、青山里戦闘（チョンサルリせんとう）[15]、そして東北で朝鮮人が数多く参加した抗日武装闘争史を朝鮮族の歴史でなく韓国ないし朝鮮民主主義人民共和国（北朝鮮）の歴史の一部分として見るのかという問題だ。

現在、韓国や北朝鮮の歴史の叙述を見れば、中国東北で展開された反日独立運動や東北抗日武装闘争史を彼らの近現代史の一部分として取り上げていることは事実だ。このような状況で、中国朝鮮族の歴史研究者は著作や論文を書く時、いつもこの部分の歴史を朝鮮人の歴史として表現するのか、中国朝鮮族の歴史として扱わなければならないのかと悩む。もちろん現在多くの中国学者は中華人民共和国成立以前の歴史事実を叙述したり描写したりする時、意図的に朝鮮族の歴史として書く場合が多い。すなわち東北地方で起きた朝鮮人に関連したすべての歴史事実を中国朝鮮族の歴史の一部分として取り扱うのである。

しかし中華人民共和国成立以前の中国、日本、朝鮮の歴史資料を調べてみれば、どれ一つとして「朝鮮族」と表現したものはない。周知のように、解放前、朝鮮族に対しては「墾民」、「朝僑」、「朝鮮人」、「韓人」、「在満朝鮮人」、「朝鮮民族」などと呼称されていただけだ。今日の「朝鮮族」という呼称は1953年の中国の「民族識別」[16]によるもので、定則的な概念だ。そして国内外の少なくない学者が鳳梧洞戦闘、青山里戦闘などを朝鮮族の歴史の範疇に入れることに反対している。結局、このような問題を解決するために現在の中国の学界では一史両用という原則を適用しているものの、状況によってはたびたび紛争を起こす場合があるだろう。

5 今後の研究課題

中国の学界で朝鮮族移住史研究は多くの成果を上げているが、仔細に見回してみれば解決しなければならない問題が少なくない。その中でも以下の三つの問題は必ずはっきりさせなければならない問題である。

第一に、朝鮮族共同体形成の起源問題だ。朝鮮族共同体形成の起源と朝鮮族歴史の起源とは互いに関連しているが、またそれぞれ違う問題だ。現在多くの論文や著書は、この二つの問題を混同して使用している。朝鮮族共同体の起源問題は、中国に移住した朝鮮人がいつから中国政府に認められて新しい民族共同体、すなわち朝鮮族として誕生したかという問題である。一部では薙髪易服から見なければならないという見解もあるが、中華人民共和国成立から見なければならないという主張もある。すなわち１９４９年以前に中国には朝鮮族という民族共同体がなかったという説である。この主張は清国時期の薙髪易服、中華民国時期の帰化入籍した朝鮮人を中国朝鮮族として見ることができないのと同様である。したがって、中国朝鮮族共同体形成の起源問題を正確に解決しなければ、朝鮮族の歴史に対する評価が違うようにもなり得るのである。

第二に、中国朝鮮族のアイデンティティ問題である。アイデンティティとは民族の魂であり、民族の存在の象徴であり、また、その民族の行動も支配する心的な活動だ。中国朝鮮族は「跨境民族（こきょうみんぞく）」[17]（Transnational Ethnic Group）であり、当然、跨境民族としてのすべての特徴を有している。跨境民族アイデンティティの特徴は複合性を有していることである。中国の著名な民族学者である費孝通（ひこうつう）は、中国の多民族国家という現実から出発して「中華民族は多元一体」と指摘し、「民族アイデンティティの多層次論」を提起した。換言すれば、中華民族内部の各民族間には民族アイデンティティという多元性が存在するということだ。すなわち国家アイデンティティである中華民族アイデンティティは各民族アイデンティティに比べて上層の民族アイデンティティ意識であり、各民族のアイデンティティ意識は下層のアイデンティティである。しかし、決して上層の民族アイデンティティ意識が下層の民族アイデンティティ意識を変えたり排除したりするのではない。中国政府も費孝通のこのような主張を受け、多民族国家である中国を民族国家として建設するために、中華民族のアイデンティティを強調している。いわゆる「第二代民族理論[18]」もこのような社会的背景から誕生している。

現在、誰が見ても中国朝鮮族は三重性のアイデンティティを有している。すなわち中華民族、中国朝鮮族、そして朝鮮民族の三重性である。このようなアイテンティティ構造の中で中国朝鮮族はグローバル時代に国際移動と結びつき、状況に応じて多様なアイデンティティを表出させており、またそのように行動している。つまり、ここでみなが関心を持っているのは彼らの国家意識と民族意識の問題であり、果たして中国朝鮮族が誰なのかを確立する必要性が提起されるのである。

現在、朝鮮族アイデンティティ関連で博士の学位を取得したり、学術論文がたくさん発表されたりしている。しかし、あまりにも目的にかなうことを念頭に置いて研究しているので、説得力が落ちてしまっているようだ。すなわち中国朝鮮族の上層民族アイデンティティ意識だけを研究して強調するものが大部分なので客観性が弱い。もちろん、この部分の研究も非常に重要だ。中国では解放後、朝鮮人を中華民族のメンバー、すなわち中国56の民族の一つである朝鮮族と規定した。中国政府のこのような民族分類によって朝鮮族は中国で半世紀を越え、少数民族という政治理念の中で自然と中華民族、中国朝鮮族というアイデンティティが形成されたのだ。現在の大多数の朝鮮族が自らを中国人、あるいは中国朝鮮族だと自称するのは、結局このような政治アイデンティティを反映することなのだ。

しかし、朝鮮族という名称は政治的概念であって、決して文化的概念でない。現在の在韓朝鮮族が80万人に達し、在日朝鮮族が10万人に達するとも言われる現実の中で、中国朝鮮族はこれをどのように認識し、説明するだろうか。中華人民共和国で朝鮮族の原生形態文化は本当に完全に異化されるのか。跨境民族である朝鮮族の、下層民族アイデンティティ意識に対する研究があまりに欠落しているのではないか。すなわち上層民族アイデンティティ意識に負けないくらい下層民族アイデンティティ意識についても、より客観的で深みのある研究が必要だと考える。

第三に、朝鮮族移民文化に対してである。すなわち離散（diaspora）と回帰[19]の理論で、どのようにグローバル時代における中国朝鮮族の移動を文化人類学的に究明するのか、という問題だ。今日、中国東北三省の朝鮮族の集住地域、特に農村の土地は、朝鮮族が朝鮮半島から移民して開拓した血と汗の結晶であり、また、朝鮮族の中国に対する「三大貢献」[20]の一つである。

しかし改革開放後、特に1992年の中韓修交以後、多くの朝鮮族はそのような村、土地を惜しみもせず、放置したり捨てたりしたまま韓国、日本、あるいは他の地方で一攫千金の夢を抱き、あっという間に金儲けに走った。現在の中国朝鮮族社会は人口が急減しているが、最も重要な原因は、まさにこのような人口流動によるものだ。20余年前、私たちは彼らが外国で金を儲けて帰国して故郷で生きるだろうと予想したが、結局80万人に達する朝鮮族がずっと韓国に滞留したり、最初から定住したりしており、現在なお進行形であるということだ。

誰が見てもこれはディアスポラに現れる回帰現象だと認定せざるをえない。中国の有名な人類学者である周建新（しゅうけんしん）教授もこれを回帰現象だと認めた（周・羅 2018）。

こうした回帰現象については、いままでのところ様々な原因により学術的な研究がほとんどなく、大部分がディアスポラにのみ集中している。もちろんディアスポラ現象が回帰現象より多く、また、各国の帰還政策について、規定されてからの時間が短いため、学界から重視されていないのも事実だ。母国をもつ中国朝鮮族は、敏感な政治問題のために今日まで研究自体が敬遠されていないこともまた事実である。しかし、在韓朝鮮族が80万人に達する状況でこれをずっと無視することはできず、文化人類学的にはもちろん、歴史学、社会学、人口学、政治学、法学などの視点から、客観的で実証に基づく事実の追究が必要だと考えられる。

【注】

(1) 本稿は、2018年度朝鮮族研究学会全国大会の講演録を修正加筆したものである。なお、本章の地名の読みがなについて、朝鮮半島内の地名と朝鮮語の発音としてなじんだ地名については、カタカナでルビを付した。

(2) 国際移民の概念は一般的に「各国から正式に他国へ派遣し居住する外交官と国連平和維持軍など他国へ居住する軍事人員などを除外し、本人の出生国ではない国に1年以上居住する、すべての人を国際移民」と規定している。中国の学者である周建新、羅家珩は、これを「国際移民」と規定したが（周・羅 2018）、閻利娟は「跨国移民」と指摘しており（閻 2010）、若干の差異がみられる。

(3) 「光復」とは日本の朝鮮植民地支配からの解放を指す。

(4) 彼らは1958年に漢族ないし満族から朝鮮族としての族籍改正を申し出たが当時は認められなかった。しかし1978年の中国共産党第11期中央委員会第3回総会における政策転換を経て、1982年に朝鮮族への族籍改正が承認された。

(5)「勢道政治」とは国王の信任を得た人物が政権を担うことを指すが、1863年、高宗が幼くして皇帝に即位した後においては、実父の李昰応が興宣大院君として摂政を務め、政治を壟断したことを指す。

(6)現在の吉林省延辺朝鮮族自治州にほぼ相当する地域。

(7)1919年3月13日、3・1運動の影響を受け、多くの朝鮮人が暮らした龍井村（現・延辺朝鮮族自治州竜井市）でも朝鮮独立運動のデモが展開された。

(8)「満洲国」が掲げた国是の一つ。東洋の「徳」に基づいて理想国家を建設しようとするもの。

(9)反体制的ないし反社会的性格を帯びた盗賊集団。

(10)中国国民政府が国共内戦期において占領地域で行った朝鮮人に対する政策。農村においては朝鮮人農民が耕作していた土地が、都市部においては商工業者の資産などが没収された。

(11)朝鮮民主主義人民共和国の国籍を持ちながら中国国内に居住する人々。

(12)1957年5月1日、『人民日報』に中国共産党中央による「整風運動に関する指示」が掲載され、共産党への自己点検運動が展開されることとなった。ところが予想を上回る激しい批判の広がりに直面した共産党は、一転して「反右派闘争」を展開し、「右派」とみなした学生や知識人などを弾圧し、政治思想統制が強化された。

(13)丁卯胡乱の後、同条約を締結したことで後金と朝鮮とは「兄弟之邦」となり、両国の国境地域では貿易が行われるなどした。

(14)頭髪を剃り、中国服を着ること。

(15)鳳梧洞戦闘は1920年6月、汪清県鳳梧洞で展開された大韓独立軍などと日本軍との戦闘。青山里戦闘も同様に同年10月、和龍県青山里を中心に展開された戦闘。

(16)1950年代より行われた「少数民族」認定調査。1954年に38民族、1965年に15民族、1982年に2民族がそれぞれ認定された。

(17)「跨境民族」とは国境によって隔てられた地域に居住する同一民族が、元来の民族アイデンティティを保持しつつ、居住国の地域的特色を併せ持つ形態を指す。

(18)「第二代民族理論」とは、「第一代民族理論」が「民族識別」を強調したのに対し、「民族融合」を強調した理論。北京大学の馬戎、清華大学の胡鞍綱などが提起した。

(19) 中国の学界で回帰についての研究は離散に比べ研究が多くないため、現在まで専門的な理論研究がない。ただ華僑が中国に帰ってきて定着すれば、彼らを「帰僑」と呼ぶが、これは政府側での規定である。西欧の学界でもまだこれについての統一的な定義がないが、一般的に祖国に再び戻ってきた行為について return migration（帰還移民）と呼ぶのが普通である。しかしこれはまたディアスポラの関係で論理的に正確に説明するのが難しいようであり、一部の学者は最初から Diaspora Return という複合語を直接使用する場合もある。

(20) 三大貢献とは「抗日戦争」「辺境開発」「水田開拓」の3つを指す。

【参考文献】

延辺大学民族研究所編、1987、『朝鮮族研究論叢（1）』延辺大学出版社
閻利娟、2010、「跨国移民的国際規範及我国相関法律的完善」『法制与社会』（2010年3月号）
周建新、羅家珩、2018、「『回帰移民』研究的脈絡与趨勢」『雲南師範大学学報（哲学社会科学）』（2018年2期）

第Ⅱ章

中国朝鮮族の移動と東アジア
——元日本留学生の軌跡を辿る研究序説(1)

権香淑・呉泰成・金雪

1 はじめに

中国朝鮮族の形成において、日本の影響は計り知れない。時期別にいくつかの形態で区分される[2]朝鮮半島から中国への移動は、とりわけ日本の韓国併合による植民地支配および「満洲国」建国という歴史的状況に大きく規定された。「満洲国」崩壊後、中国東北地方は日本の統治による支配から解放されたものの、少数民族として中国に編入された後、大躍進、反右派闘争、文化大革命の展開のなかで、日本は朝鮮族社会に負の遺産として残り続けた。一方、人々の日常生活レベルに浸透した日本の文化は、例えば「満洲国」時代に強制された日本語教育が、文革後には自律的に再開するという特殊な歴史を経て[3]、日中国交正常化以降、両国の人的交流を促す局面において役割を果たしてきた。

本章の目的は、その影響の一側面を捉えるべく、「元日本留学生」をキーワードに据え、朝鮮族の「日本留学後」と「越境的な社会空間（transnational social space）[4]」の実態的な解明を目指すための基礎的な作業を行うことである。ここでいう基礎的な作業とは、主に、朝鮮族の日本への移動における歴史的変遷を、制度・政策面の変化と移動先の時間的経過に伴うコミュニティの形成を踏まえつつ、当事者への聞き取り内容を織り交ぜながら記述し、後の議論に繋げるための土台を作る作業を指す。いわば、制度・政策と人の両方に着目し、いかなる歴史構造的な変化のもとで朝鮮族が移動にするにいたったのかについて、またその際、どのような人々が来日したのかについての与件を提示しながら、朝鮮族の「元日本留学生」による軌跡を探るための下地を整えることである。

朝鮮族の日本への移動に関しては、長い移住史のなかの再移動、移動後のコミュニティ形成、家族の分散、親族ネットワーク、国境に跨る生活など様々な研究課題が論じられてきた（権 2011; 権・金・呉 2016; 권향숙 2016; 宮島 2017）。その結果、①日中韓の多言語・多文化的な要素を身に着けた文化資本が日本への移動や適応過程において重要な機能を果たしており、②東アジアを跨る家族の分散状況や親族ネットワークを中心とする社会関係資本が発達しているほか、③コリアン・ネットワークおよび華僑・華人ネットワーク両方へのアクセスが可能であるなどの特徴が明らかにされてきた。その背景にある歴史的な変遷過程については、日中国交樹立を経て、国費留学生に始まり、私費留学生、ＩＴ技術者とその家族の来日を経てコミュニティが形成される在日中国人一般の流れ（Liu-Farrer 2011）を共有していることも指摘されてきた。

ただし、朝鮮族の来日プロセスをめぐっては、在日中国人研究のなかに埋め込まれるか、朝鮮族の特殊性が指摘されるにとどまり、詳細な記述や事実関係の解明は課題に残されてきた。このような課題に意識的に取り組んだ研究（権・金・呉 2016）では、「拠点形成としての定住化」という概念をもってその特徴（本書所収の補論を参照）が明示されたものの、あくまでも量的調査（２０１５年）によるもので、日中の政策・制度的な変化の枠組みを考慮しつつ、中国人移住者の先行研究を十全に踏まえて朝鮮族の来日を記述したとは言い難い。中国人の来日プロセスという一般的な流れのなかで、朝鮮族との異同に配慮したきめ細かな議論が不可欠であることは言うまでもなかろう。

そこで、上述した諸々の課題への取り組みに先立ち、移動の歴史的変遷を捉える基礎的な作業を行う。具体的には、元日本留学生への聞き取り内容を土台にしつつ、朝鮮族の来日とコミュニティ形成の推移にもとづき、①草創期(1979~1986年)、②確立期(1987~2000年)、③発展期(2001年~現在)の三つに分け、その歴史的変遷を記述する。当然ながら、留学後の移動と定住に関する多世代に亘る調査、移動もしくは定住先での当該社会における位置づけ、日本留学との因果関係、人的資本、社会関係資本、文化資本の活用・非活用を決定づける局面および諸条件などの考察については、別稿に譲る。繰り返しになるが、本章の課題は、元日本留学生と東アジアの「越境的な社会空間」の実態的な解明に向けた土台作りに取り組むことである。

このような課題に取り組むために、朝鮮族の元日本留学生に関する文献調査のほか、調査対象者の人的ネットワークを通して調査協力者を増やしていく雪だるま式標本抽出法(snowball sampling)をもってインタビュー調査を行った。調査期間は、2017年6月から11月までの6ヶ月間で、調査対象者の選定は、①朝鮮族団体に属している、比較的アプローチしやすい朝鮮族のネットワーク、②日本にいる朝鮮族のみならず、中国や韓国の研究者など各界の要人たちのネットワーク、③これまで筆者らが実施してきた調査協力者らのネットワークなどを活用した。場所は、日本の東京、大阪、そして中国の北京、延吉で、時間は、1時間から3時間ほどの時間を費やした。最終的に34人の協力を得ることができた[5]。

インタビューは、①中国での日本留学までの経緯(日本語学習や日本に関する認識、留学の動機や影響を与えた人物または事柄、家庭内における「韓国」や「日本」の要素など）、②日本留学から就業までのプロセス（学費などの経済的な負担やネットワーク、専攻や職業の選択について、当初の計画と家族の状況など）、③現在の状況と今後の展望（現在の団体活動とそれについての考え、韓国と中国との繋がりについて、国籍とアイデンティティについて、帰国の予定や考えなど）の三つに分け、半構造化された（semi-structured）質問項目を作成して、調査協力者に事前に配布して行われた。本研究では、このような方法で得られたデータを使用しているほか、筆者（権）のフィールドノートを参照して記述を補完している。本論の記述においては、【表1】で示した通り、調査協力者34人のうち、主に制度もしくは政策などと関連づけて説明する際、その特徴が際立っている13人のデータを活用する。

【表1】調査協力者についての基本事項

	協力者	性別	生まれた年代	来日(年)
1	XC	男	1950年代	1988
2	MN	男	1960年代	1988
3	KE	女	1960年代	1990
4	DV	男	1960年代	1990
5	AU	男	1960年代	1990
6	BV	男	1960年代	1991
7	UF	男	1960年代	1994
8	AG	男	1960年代	1995
9	KP	男	1970年代	1995
10	AY	男	1970年代	2000
11	FT	男	1970年代	2001
12	SM	女	1970年代	2005
13	WD	男	1980年代	2007

本論に入る前に、「元日本留学生」という用語について触れておきたい。広辞苑（第六版）によると、「留学生」とは「外国で学術・技能を研究・修得する学生」であり、「留学」とは、「出入国管理及び難民認定法」に定める外国人の在留資格の一種で、日本の大学、専修学校の専門課程、高等専門学校などで教育を受けることができる、と記載されている。文字通り、留まって学ぶといった広義の意味と、日本の在留資格に限定した狭義の意味がある。場合によっては、「留学」ビザをもって来日する者と定義づけることもできるが、必ずしも法律で定められた在留資格をもって滞在する者に限定できず、来日後に留学生となる事例もある。これらをふまえて、本章では「元日本留学生」を「中国出身の朝鮮族で、日本の高等教育機関における学術・技能の研究・修得をした者、又は一定期間そのような研究・修得をした経験がある者」と広く定義づける。以下、草創期（本章2節）、確立期（3節）、発展期（4節）の順に沿って論述を進めて、最後に今後の課題を述べて結ぶ（5節）。

2 草創期――留学生の派遣開始

(1) 訪問学者の来日

中華人民共和国成立後、中国人留学生の日本への移動は、国費留学生の派遣から始まった。主な送り先は旧ソ連や東欧諸国で、建国後まもなく開始されたが、1966年に文化大革命が始まると直ちに中断された（寺倉 2011:187）。その再開は、1972年の日中国交樹立後ではなく、[6]

1977年に文革が終結し、1978年の改革開放を待たなければならなかった。中国政府は、同年6月23日、留学生派遣の大幅な拡大を指示した鄧小平の談話を受け、国費留学生1750人を世界35カ国に送り出した（坪井 2016:3）。その大半は理工系で占められており、日本はアメリカとイギリスに次ぐ三番目の派遣対象国であった（王 2001:30）。日本への派遣は1978年8月「日中平和友好条約」の締結以降、実質的には1979年から開始された。[7]

初期に日本に派遣された中国人国費留学生は、主に、大学に在籍している教授たちであった。中国全土から選抜された逸材が、短期研修生や客員教授（以下、訪問学者とする）として来日した。鄭（2015）によると、資料から確認される初期の朝鮮族訪問学者は、『朝鮮族英才録』（禹他編 2004）に記された鄭沢根教授、金宗哲教授、金日光教授の3人である。鄭沢根教授は、1979年に日本への留学試験に合格した後、1980年に東京大学で2年間の留学生活を送っており、金宗哲教授も同じく1980年に留学試験に合格し、2年間、東北大学材料強度研究所で研究に従事している。金日光教授については、かつて東京理科大学の客員教授を歴任したと記されているが、その時期は記載されていない。

理工系の学者に続いて、文科系の学者も派遣された。その第一陣に該当する訪問学者の一人が、北京大学朝鮮文化研究所所長を歴任した崔應九教授[8]である。1983年から1年間、東京外国語大学客員教授として在籍した。中国に帰国した後、1986年には「朝鮮言語文学国際学術討論会」（北京）を主宰し、「国際高麗学会」設立の礎を築いた。その設立が宣言された1990年の「第三回朝鮮学国際学術討論会[9]」（大阪）には、当時、首都圏で勉強していた朝鮮族留学生も参加している[10]。また、調査協力者のBVさん（1960年代生まれ、男性）は、中国側の出席者として報告したが、その際、在日コリアンの学者に出会ったことがきっかけとなり、日本留学を実現させた。同時期に、関西地域を中心に研究生活を送ったのが吉林大学（当時）の趙鳳彬教授である。趙教授は、1983年度に関西大学で1年間を過ごした。回顧録形式で記した日中両言語の著書（趙 2003;2010）では、中国への移住と定着過程が記されているのみならず、日本での研究生活や滞在期間中に見聞きしたことなども記録されている。趙教授は、関西大学での訪問期間が終了した後、1990年と1998年の2回に亘り京都の同志社大学客員教授として在籍した[11]。中国に帰国後も、日中両国の学術交流における重要な役割を果たしたことは言うまでもない[12]。

(2) 国費留学生の展開

訪問学者以外にも、国費で派遣された朝鮮族留学生は多数存在したと推測される。1979年、開放政策の一環として、短期強化外国語教育を重視した中国政府は、中国11か所の大学に「出国人員培訓部」を設けた。その全体像の把握は容易ではないが[13]、11の大学にはそれぞれ担当する外国語が取り決められ、日本語教育は東北師範大学（長春）と大連外国語学院（大連）が担うことになった（李 2009:93）。留学生の選定は、学部留学生の場合、中国の大学入試[14]で高得点を得た者のなかから選抜されたが、まずは半年もしくは1年間、中国国内で予備教育を受けた後、それぞれの外国に派遣された。予備教育を必要としたのは、日本の大学入学に必要な教育期間が12年である反面、中国は11年で1年が不足していたからであった（松岡 1982:98; 鄭 2015:9）。

前者の東北師範大学には、日本語と歴史などを学習できる「赴日留学生予備学校」（以下、予備学校）が設置された（段 2003:62）。この予備学校をめぐるプロジェクトは、日本語教育学会会長を務めた伊東祐郎氏によると、「日中国交正常化後の政府間の教育交流の中でも最大のプロジェクトであり、また最も成功したプロジェクトの一つとして高く評価」された[15]（鄭 2015:9）。後者の大連外国語学院でも日本留学への予備教育が行われたが、大連で予備教育を受けた者のなかには、朝鮮族の第一期生国費留学生2人が含まれていた[16]。

日本からの働きかけで設置された機関もあった。1979年12月、中国を訪問した大平正芳元首相による提案を受け、北京言語学院内に設置されたのが日本研究センター（中国日语教师培训班）（以下、大平（おおひら）学校）である[17]（莫 2005:15-20）。1995年に来日したAGさん（1960年代生まれ、男性）は、1994年に1か月ほど大平学校を現地研修として日本を見て回った。「本当に発展した国だ」というのが最初の印象で、当時のことは今でも鮮明に記憶している。特に剪定の技術やその背景にある美意識に含まれた日本文化は圧巻で、「中国が追い着くまで100年以上はかかる」ばかりか、インフラが文化的に定着するには、さらに多くの時間を要すると思った。

1996年に来日したUFさん（1960年代、男性）も、1988年から1年間、この大平学校で学んだ。1989年2月から3月の1か月間は、バブル時代の日本で研修を受けている。中国で勤務していた大学では日本語と日本文化を専攻したが、他の外国語授業とは異なり、講義そのものが日本語で行われていた。周知のとおり、日本の植民地政策及び「満洲国」建設と関連し、中国東北地方では外国語教育としての日本語教育が行われたが、その環境は朝鮮族が日本語に熟達する与件でもあった。実際、UFさんが大平学校に入学した年は、年間で募集された受講生30人のうち、5人が朝鮮族で、全員が上位の優秀な成績で合格していたという。

(3) 派遣事業の拡大

1970年代末に開始された国費留学生の派遣は、1980年代に入り本格化し、1982年からは学部のみならず大学院にも拡大した。国費留学を通して派遣された大学院生は、主に修士課程に入学した。前述したとおり、中国で全国大学院共通試験の合格者のうち、150人の高得点者を選抜し、予備教育を施した後、日本の大学院入試を経る形態であった。1988年、国費留学生として日本に留学したXCさん(1950年代生まれ、男性)は、日本への航空運賃はもちろん、毎月8万円の生活費を受け取り、スーツまで大使館が用意してくれるなどの特別待遇を受けた。他の私費留学生たちと比べると、XCさんは留学生活において経済的な苦労は全くなかった。

従来の教育部が所轄する国費派遣とともに、1984年ごろからは、中央官庁、地方政府などが留学生を派遣する形態[18]が導入され、また私費留学生も徐々に増加し始める。私費留学生の数は、1986年の時点で、国費派遣の訪問学者、留学生の数を上回る。莫(1990)は、当時の私費留学生の状況を記述しながら、「1986年頃までに出国した私費留学生の大多数が大卒者で、日本語またはほかの専門知識を持っており、海外に親戚や知人がいた」と指摘する。実際、中国共産党中央委員会による1982年3月31日付「自費留学に関する若干問題の決定」では、主に幹部の子女が対象であり、学部生、大学院生の私費留学の場合も厳格な政治審査が求められたほか、国務院による同年7月16日付「自費留学に関する決まり」では、35歳以下に限るといった年齢制限なども設けられた（段 2003:64-65）。

その後、国務院は1984年12月26日付「自費留学に関する暫時決定」を公表し、私費留学生の選抜条件を緩和するが、日本に留学可能な階層は、極少数のエリート層に限定されていた。例えば、1988年に来日した私費留学生であるMNさん（1970年代生まれ、男性）の場合、父親が中国では屈指の大学教授で、日本の教授との人脈もあったため、留学手続きがスムーズであった。父親は訪問学者たちとも交流があり、留学が可能な大学を探すのも苦労はしなかった。特に、私費留学生にとって留学費用とともに大きな障壁だったのは、日本人の身元保証人を必要とする手続きであったが、これも、父親の人脈で解決した。当時の日本留学は、経済的、制度的な側面というよりは、一部のエリート層に限定され、彼らの社会的背景や人的関係が留学を方向付けていたと言える。

一方、1983年、日本では「留学生10万人計画」が打ち出され、その一環として就学生[19]の入国手続きが簡素化された。法務省は留学生のアルバイトを週20時間までに許可するとし、日本語学校が身元保証人となって就学ビザを発行することで、受け入れを促進させた。このような措置により、中国から日本への私費留学生と就学生が増加することになるが、その流れを決定づけたのは、中国で初めて私用による出国が許可された1986年2月「中華人民共和国公民出入国管理法」の施行[20]である。このころ、国家派遣として日本へ留学させる学生は、学部生から大学院生に替えられた。このようにして、1987年には留学生が急増し、1988年には3万人台にまで近づく。

以上のことを踏まえ、鄭（2015）は、日本への留学生派遣が始まる１９７９年から１９８６年までの時期を新中国日本留学の草創期と呼んでいる。ここでも、鄭の区分を踏襲してこの時期を「草創期」と呼ぶことにする。

3 確立期——入国形態の多様化と階層分化

⑴ 天安門事件の影響

前節でみたように日中両国の規制緩和を経て、１９８０年代末から中国人の若者のなかでは急激な日本留学ブームが起きる。日本留学を目指す者のなかには、純粋に就学を目的に来日する者もいたが、就労を目的に日本語学校に入学する者も次第に目立つようになり、法務省は１９８８年、日本語学校がビザ斡旋など悪用したことへの対策（「10・5通達」）を打ち出した[21]。日本語学校による身元保証を認めず、身元保証人（個人）とその保証人の納税証明書を求めるようにして、ビザ発給条件を強化したのである（段 2003: 107）。その結果、日本語学校に入学金と授業料を支払ったが、ビザの発給を受けることができなかった数多くの中国人が、上海の日本領事館に押し寄せて抗議するという、いわゆる「上海（就学生）事件」が発生した（明石 2010:172）。加えて、１９８９年、中国の天安門事件による出入国の影響を受けて、一時的に留学生、就学生数は減少することになる。

１９８９年の天安門事件は、留学生派遣政策とともに、留学生の意識変化にも影響を及ぼした。小林（2012:86）は、先進諸国に留学中であった中国人留学生が、帰国後の不安を考慮し、中国では帰国せず、外国での就業、居住、その他第三国への移動を考える契機となったと指摘する。前述した国費留学生ＸＣさんも、日本で天安門事件の報道に接するなか、その事件を傍観することができず、日本の大学内で中国人留学生とデモ抗議を行い、大使館に抗議する運動を展開した。結局、ＸＣさんも帰国を放棄し、日本での永住を決意した後、１９９９年には日本国籍を取得して現在にいたっている。

当然ながら天安門事件は、中国国内の学生にも影響を与えた。ＡＵさん（１９６０年代生まれ、男性）は、大学院を修了し、就職して北京で生活している最中に事件を経験した。後輩たちのデモ行進を目の当たりにし、行動を共にするようになった。後に北京では大学生に「何でまだ出て行かないのか」と人々が尋ねるほどの出国ブームが起こった。依然として身元保証人がいなければ日本留学は不可能であり、「あの時代は、保証人を買う時代だった」。「保証人になってくれれば、お金を渡し」、その金額は「50万円が相場だった」そうで、大半は半年以内に返すという条件で借金をしたという。ただし、ＡＵさんの場合は特別で、大学院の時に親交があった日本人留学生の父親の協力で、日本留学を実現させた。調査協力者のうち、当時、北京に居住していたＫＥさん（１９６０年代生まれ、女性）も同様に、天安門事件の影響により、日本留学を決意したと語っている。天安門事件は、すでに日本に滞在していた留学生の帰国を思い留まらせ、北京在住の若者たちを国外へと移動せしめるきっかけとなった。

⑵出入国管理および難民認定法の改正

１９８９年は、日本の出入国管理及び難民法（以下、入管難民法）が改正された年でもある。翌年の１９９０年に施行された改正入管難民法は、専門職外国人を積極的に受け入れる一方、未熟練労働者の入国を制限し、非正規滞在者に対する罰則を強化するのが主な内容である。とりわけ、南米日系人の在留と就労の規制が大きく緩和され、自動車関連の産業など中小製造業の派遣雇用が拡大された。この改正は、未熟練労働者の中国人の入国と関連して、①日本人「残留婦人」などの家族の入国緩和、②外国人研修生の流入拡大という二つの変化をもたらした。これは、中国人の新規流入に対して顕著な変化をもたらしたとは言い難いが、それまで留学生を中心に構成されていた在日朝鮮族社会が、より多層化する契機をもたらしたという意味で、見逃せない変化である。

まず、①の「満洲国」建国のために中国東北地方に移住し、敗戦後も中国に残ったいわゆる日本人「残留孤児」と「残留婦人」に関連する事項から見てみよう。改正入管難民法により、「残留孤児」や「残留婦人」の家族、すなわち、日本人の二世・三世という事実が証明されれば、南米日系人のように、居住と就業において比較的制限のない「定住者」という在留資格が付与された。初期の在日朝鮮族社会の形成に貢献したことで知られる李東哲教授（本書所収第Ⅵ章を参照）は、配偶者（妻）がそうであった。それで、日本政府の引揚政策により帰国することになった配偶者とともに、１９８９年に来日した（李 2010）。その後、初期の団体である東方学友会、天池倶楽部、中国朝鮮族研究会の設立および運営の重要な役割を果たした。李教授のように、日本人家族の身分で来日した朝鮮族がどれほどいるのかは計り知れないが、例えば、中国で「残留孤児」の男性と出会って結婚し、その家族の身分で来日した朝鮮族女性の事例や、義理の父親が「残留孤児」であるため、同じく家族として来日して生活する事例もある。

次に、②の外国人研修生に関わる事項でも、質的な変化を確認することができる。未熟練労働者の表向きの就業は禁止されたが、外国人研修生という形で実質的に受け入れが拡大した。公益財団法人国際研修協力機構[22]（ＪＩＴＣＯ）の支援による中小製造業に雇用された研修生の場合、１９９２年には８０６７人に過ぎなかったが、１９９９年には2万５６３１人にまで増加し、このなかの63%が中国国籍を保持する者であった[23]（川上 2006:70-75）。絶対的な数は決して多くはないが、未熟練労働者層の形成を可能にした、という意味において朝鮮族社会の階層的な変化を招いたと言える。このような経路のほかにも、未熟練労働者として流入した朝鮮族も少なくなかった（権 2011:188-192）。

さらに改正入管難民法の成立以降、専門職外国人の受入れ政策が強化されるなか、大企業がグローバル戦略をとるようになったという局面も見逃せない。ＤＶさん（１９６０年代生まれ、男性）は、理系の大学卒業後、専攻分野が異なる政府傘下の機関で働いていたが、１９９０年、日本の大手商社と中国政府傘下の金融企業による、合弁会社の募集に応じて日本に来た。当時では珍しく、国費や私費留学生ではない、ＩＴ技術者としての来日である。これは、後述するように、２０００年以降、日本の国家戦略としての技術者の大量流入が実現する時期よりも、10年ほど先駆けた流れとして位置づけられる。

(3) 在日朝鮮族社会の変容

移動後の時間的な経過は、滞在者の変化を招く。これを端的に確認できるのが在留資格の変化である。より安定的な滞在資格への変更は、1990年代以降に顕著になりはじめる[24]。特に注目すべき点は、留学を終えた後、中国に帰国する予定だった者が、周辺の留学生たちの日本での就業状況に影響を受けて、就職を現実化させていったことである（小林 2012:87）。また、1990年代に入り、新規の留学生たちも継続的に増加しているが、その要因としては、1980年代末に、ビザの発給基準を強化する一環として設けられた身元保証人制度が、1996年に廃止されたことが挙げられる[25]。それまでも、保証人がいなければ留学手続きが不可能であったが、その後は、日本にいる親族や親戚など社会的ネットワークを通して、留学手続きが可能になったからである[26]。

田嶋（2010）は、1972年以降、中国人移住者の特徴を次のように区分して説明する。まず、1980年代は、留学生、就学生の流入を通した社会的ネットワークが形成する時期であり、1990年代にはこのネットワークを利用して、自営業などの事業（ethnic business）を展開する層が形成されたと指摘する。このことについて、留学を通して学位を取得した後、現在は事業家として活躍するKPさん（1970年代生まれ、男性）は次のように語っている。文科系の博士号を取得した彼は、朝鮮族の歴史に精通した専門家として、朝鮮族の祖先たちの中国への移住史と、現在の朝鮮族が世界に離散して暮らしている現況をまずは知る必要があると強調する。そのうえで、少数民族としての長所と短所を適切に把握し、居住社会において上手に活用するならば、いくらでもビジネス事業を成功させることができる可能性がある、と言う。

１９９０年代に入ると、私費留学生、就学生が増加する一方、その属性も変化し多様化する。この背景には、中国における社会主義市場経済の進展、中韓国交樹立といった国際関係の変化、日本の身元保証人制度の廃止などがあることは言うまでもないが、来日時期と親世代の職業関係からみると、１９９０年代前半までの来日者の特徴として、中国社会における一定の環境および条件が存在することも指摘されてきた（권향숙 2016）。すなわち、１９９０年代前半の来日者の親世代は、中国において都市戸籍をもつ幹部職として働いており、比較的に安定した階層に属している。本研究すべての調査協力者（34人）を見る限りにおいても、１９９０年から１９９４年までに来日したのは９人であったが、そのうち８人について、親が幹部、医者、軍人など（残り１人は不明）であり、この傾向が確認された。その反面、１９９０年代後半に来日した者の親世代は、農村戸籍をもつ農業従事者か工場労働者であり、中韓国交樹立後、韓国で得た出稼ぎの収入を子どもの留学費用に充てるといった傾向がみられる。

以上を踏まえ、私費留学生が急増する１９８７年から、天安門事件、入管難民法の改正、身元保証人制度の廃止などを経たのち、在日朝鮮族社会が変容し始める２０００年までを、「確立期」と名付けることにする。

4　発展期――在留形態の多様化

(1) 東北三省出身者と移動ルートの変化

２０００年代に入り、東北三省出身者の増加が顕著になったということは、日本の国内においても認知されるようになった。坪井（2006:12-13）によれば、１９９３年、中国人留学生の出身地域は、上海が43・３％、北京が17％と多数を占めたものの、２００４年には東北地方出身者が31・２％で最も多く、上海は15・９％に、北京は6・４％に減少した。山下（2007:102）も、東京に居住する中国人の出身地に言及しながら、東北三省の出身者が多数を占めており、その増加理由は「残留孤児」か「残留婦人」の家族、そして朝鮮族であると指摘する。とくに朝鮮族の場合、その言語が日本語と類似しており学習しやすい点、日本語学習と日本への留学が人気であったからだという。

既存の留学生とは異なる移住者層の変化も生じた。とくに注目される点は、経済のグローバル化に伴いＩＴ関連企業への就業者が増加したことである。これは、日本政府が掲げた、日本型ＩＴ社会の実現を目指す構想、戦略、政策の総称、いわゆる「e-Japan 戦略」に起因する。２００１年1月のＩＴ戦略本部の発表によると、２００５年までに3万名程度の優秀な外国人材を確保することが目指され（倉田 2003:87; 倉田・松下 2018:88）、実際、多くの中国人ＩＴ技術者が来日した。ＦＴさん（１９７０年代生まれ、男性）もその中の一人である。日本への留学を検討していたところ、日本企業の現地募集で採用され、２００１年に「留学」ではなく「就職」で来日した。日本で数年働き、いったんは家庭の事情で中国に帰ったものの、その後、多国籍企業の公募に技術者として採用され、その企業の中国沿海都市の支社で勤務し、日本支社に転勤するという形で、二度目の来日を果たした。つまり、就職および、社内での転勤という形で来日しており、厳密にいえば、彼は元日本留学生の範疇には含まれないが、そもそも来日のきっかけとなったのは日本への留学を検討していたことであった。

SMさん（1980年代生まれ、女性）の場合も変則的である。日本で留学生活をしていた彼氏と合流するために、日本留学の道を選択した。しかし、大学に入る前に、偶然、知人の紹介で人材派遣会社の斡旋により応募した会社に採用された。その決定的な理由が多言語を駆使する素質と経験であったことは、入社した後にわかったという。就職した会社は中国進出を計画中の旅行宿泊業者で、SMさんが入社した2005年ごろから、日本国内でも少しずつ知名度を上げ、現在は、社名を挙げれば知る人ぞ知る企業にまで成長した。SMさんは、入社してから5年後に日本の永住権を取得したが、現在はその実力が買われ、同会社の中国現地法人社長として日中間の業務に携わっている。

もちろん、留学という経路をたどり専門家に成長して活躍する事例は、枚挙に暇がない。AYさん（1970年代生まれ、男性）は、中国で大学を卒業して専門職として働いたのち、2000年に日本の大学院に入学した。修士課程を修了し、日本で就職した後、会社に籍をおいたままアメリカ留学を果たす。アメリカで二つ目の修士号を取得し、関連する専門分野で経歴を積んだ後、やはり日本を拠点にして専門分野の業務に携わったほうがよいと考えて、再来日する。現在は、東京を拠点に上海と行き来しながら活躍している。

⑵ 起業家の登場と多世代化など

2018年12月現在、日本在留外国人のうち中国国籍者数は76万4720人で、全体の28%を占める。[27] そのうち、在留資格別に多い順で記すと、永住者（26万9963人）、留学（13万2411人）、「技術・人文知識・国際業務」（8万1736人）、家族滞在（7万8417人）、技能実習（7万7806人）、日本人配偶者等（3万9000人）、定住者（2万8282人）となっている。つまり、永住者、定住者、日本人配偶者等など長期滞在が可能な在留資格保持者が、多数を占めていることが分かる。一方、2008年の日本政府による「留学生30万人計画」を背景に新規の留学生流入も継続するなか、既存の留学生の就業やIT関連の就業者も増加している。特に後者は「技術・人文知識・国際業務」の在留資格者に相当するが、これが「留学」の滞在資格者数に迫る勢いをみせている。既存の研修・技能実習制度と関連した「技能実習」も7万人を越えている点を踏まえれば、在日中国人内部における階層の多様化が進行しているとの特徴を読み取れる。

もちろん、これらの統計のなかで、朝鮮族がどの程度を占めているのかは知るすべがない。しかし、当初は留学生によって構成されていた在日朝鮮族社会の「内部における階層的な多様化」がより深化していることは言うまでもなかろう。その状況は、「在日中国朝鮮族運動会in Tokyo」（以下、運動会）を通して確認することができる（朝鮮族研究学会編 2016：権・金・呉 2016）。2015年から朝鮮族団体が共同で開催してきた運動会[28]には、毎回1500人以上が参加したこ

とも然るこ とながら、例えば、2015年から2017年までの3年間で一回以上の寄付を行ったスポンサー企業が、実に90社に及んだ。なかには中国人（漢族）や在日コリアンが経営する企業もあるが、9割以上が朝鮮族の経営する企業で、その大半が元日本留学生であったことは特記に値する。加えて、日本滞在が30年を超える移住世代（一世）、親とともに来日するか日本で生まれた次世代（二世）、中国や韓国で暮らす親世代（一世の親）までを併せた三世代の家族が一堂に会した行事であり、まさに在日朝鮮族社会の多世代化を物語っている。

次世代のなかには、すでに社会人になり日本の大企業で勤務する朝鮮族もいる。1997年、当時小学校3年生だったWDさん（1980年代生まれ、男性）は、留学生であった父親とともに来日した。日本の小学校で4年間を過ごした後、中学校への進学とともに中国に帰国した。中学と高校の6年間を中国で過ごした後、留学目的で再来日した。日本の大学入試を終え、大学に入学した彼は、学業に専念する傍ら、自らが作ったサークル活動を展開する。それは、異なる文化的な環境を体験する子どもたちに勉強を教えてあげる活動であった。自分自身が「移動する子ども、すなわち「複数言語環境で成長する子ども」（川上 2017）であったという経験を踏まえ[29]、少しでも自身の経験が役に立てばという一心で活動を始めたが、この実践が現在働いている企業の面接で高く評価されたという。元日本留学生の次世代が日本社会で活躍する時代を迎えていると言えよう[30]。

その他、中国での就職と大学入試を放棄し、非合法的な経路を選択して日本で就業する中・高卒者や、国際結婚を契機に日本に移動する女性もいる。国際結婚のなかには、自由恋愛から、仲介業者を通した結婚に至るまで実に多様なケースがあるが、後者の場合、林（2014）が指摘するように、経済的な安定と社会的上昇の手段として「合理的選択」をするという意味合いはもとより、親世代の低所得と中国の戸籍制度に規定された産物であるに違いない。ただし、来日の経緯が「留学」ではないにせよ、来日後、子育てがひと段落した後に、日本語学校に通い日本文化を学び、専門学校や大学に進学するケースもあり、留学生になる場合も見受けられる。

このように、来日する朝鮮族の多層化や多世代化は、21世紀に入り顕著になる一方である。その分水嶺ともなった「e-Japan 戦略」の開始、すなわち新世紀から現在に至るまでの区切りを「発展期」と捉えることにする。

5 結びに代えて

以上、本章では、「元日本留学生」をキーワードに据え、朝鮮族の「日本留学後」と「越境的な社会空間」の実態的な解明を目指すための基礎的な作業として、草創期、確立期、発展期の三つの時期区分に沿いつつ、その歴史的変遷を記述してきた。本論でも記したように、草創期においては、日中国交樹立による制度的な変化に伴い、極めて少数の訪問学者、国費・私費留学生が来日し、確立期においては、日中両国における政策的な変化に加え在日朝鮮族社会の内部における変化を捉え、さらに発展期へと時間的経過を伴うにつれ、その移動ルートや滞在形態が多様化、多層化していく状況が示された。その背景には、国家間関係の変化、日中両政府の政策、そして企業の戦略があり、元日本留学生の軌跡は、これらの要因による経路依存的な様相が確認される。

ただし、冒頭で記した通り、本章は、あくまでも朝鮮族の日本留学後における「越境的な社会空間」の実態的な解明に向け、その段取りを整えることが主眼であった。したがって、各ケースの考察と分析を深め、さらに多くの調査を進めて行くこと、そして、歴史的変遷を踏まえた網羅的な分析とともに、比較考察が求められる。今後、これらを含めて検討する際の論点ないしは課題を、以下、三つの観点から整理して結びに代えたい。

まず、来日プロセスに限定して、その歴史的変遷を辿りながら探ったが、朝鮮族の長い移住史における日本への移動を位置づける作業は欠かせない。その際、「中国」の朝鮮族三世がすなわち「日本」の朝鮮族一世である、と受け止められる意味合いをどのように捉えるのかという論点がある。言い換えれば、従来の朝鮮半島から中国へ、そして日本へ、といった国民国家の認識枠組みによる把握の仕方を、如何にして相対化させるのかという課題がある。何よりも、移動する人々を如何にコントロールするのかといった国家的な視点が優先されがちな移民研究において、移動する当事者や家族による「生きるための工夫」の内実に迫りつつ、その実態を記録することが求められる。より広くは、東アジアに通底するポストコロニアリズムやトランスナショナリズムの交差（蘭編 2013）を捉える視点から、東アジアのグローバル化に埋め込まれた当事者の経験とその意味を読み直す作業として、本研究を位置づけていく必要がある。

次に、近年、世界各国ではグローバリゼーションへの対応として国際競争力を強化すべく、能力や業績のある移民を受け入れ、その一方でリスクの高い移民を抑えるという選別的な移民政策への転換が図られており（小井土編 2017）、それは留学生政策にも如実に現れている。東アジア諸国も例外ではないが、移動性の高いエスニック集団として知られる朝鮮族の元日本留学生のありようには、東アジア諸国の高度人材をめぐる戦略や政策が投影される側面があり、それらの動向をとらえる一つの試金石になりえる。齟齬や軋轢が目立つ東アジアではあるが、そうであるからこそ、地域協力や地域統合を展望する議論に向けた素材も提示しうるに違いない。これまで在日中国人研究に包摂されてきた従来の研究を超えるという意味においても、歴史的変遷を踏まえた記述を土台にして、さらなる実態的な解明が待たれよう。

最後に、元日本留学生の動向を捉えることで、朝鮮族の歴史や現状の把握においては、意識的に忌避されるか、自明なものとして看過されがちであった日本の影響に関する展望を得るという課題がある。朝鮮族の日本に関わる文化資本がどのように培われてきたのか、また就職や起業といった局面において、その文化資本がどのように活かされているのかといった論点は、仔細に検討する必要がある。当事者の語りを深く聴きつつも、多元的なレベル（権 2018:32）への関連づけのなかで包括的な分析に踏み込むことができれば、望ましい共生の在り方をめぐる知見を獲得するきっかけにもなる。それは、新たな改正入管難民法が施行（２０１９年４月）され、外国人労働者の受け入れが拡大する日本に対し、政策的な含意を示すことにも繋がろう。いずれも今後の課題として留め置くことにしたい。

【注】

(1) 本稿は、『東アジア研究』第70号、２０１９年（大阪経済法科大学アジア研究所）に掲載された同じタイトルの論文に修正・加筆を加えたものである。

(2) 例えば、黄有福は、以下の四つのカテゴリーで朝鮮人の中国東北地方への移動を説明する。①17世紀後半における古代移民を「戦争移民（war migration）」、②19世紀後半の移民を「自由移民（free migration）」、③１９１０年代の移民を「亡命移民（exiled migration）」、④１９２０～１９４５年の移民を「被植民移民（impelled migration）または「被管理移民（controlled migration）」（黄 1996:16）。

(3) 本田弘之は、文革中に中止されていた外国語教育が文革後に再開された経緯について、中国における日本語教育という視点で見れば、それは清末・民国以来の再開であるが、朝鮮族にとってそれは「満洲国」時代の日本語学習者が存在し、教員となる人材の供給という点においてその延長線上にあったこと、そして、それと同時に朝鮮族が日本語を学ぶ主な学習目的は、有利な受験科目を選択するという主体的な意味合いがあったとして、質を異にしていることを指摘している（本田 2012:123-136）。

(4) Faistは、これを「社会的・象徴的絆、ネットワークと組織における位置、地理的に国際的に少なくとも二つ以上の異なった場所に存在しうる組織のネットワークによる組み合わせ」だと指摘しており（Faist1998:216）、本研究でもこれを踏襲する。

(5) インタビュー実施の際の調査者の組み合わせは、執筆者3人「権・金・呉」が6件、2人「権・金」が6件、「金・呉」が1件、1人「権」が18件、「金」が3件である。

(6) ここでは詳細に触れないが、国交正常化以降、通訳者の養成を目的に、外交官や貿易関係者の子女を選抜し、日本の中学校に留学させるということもあった。その子供たちは、12～13才程度の年齢で、日本に留学した後、帰国して高等学校で学んだ。また１９７３年に5名が日本の和光大学に留学し、日本語と歴史を勉強したこともあった（段 2003:58-59）。しかし、この時期の留学生は、両国の教育制度が異なる現実において、例外的に派遣された事例である。

(7) この時期の日本留学生は、１９７８年に1人、翌年の１９７９年に１５１人が派遣された（段 2003:62）。また、１９８０年から2年間で日本への派遣は１９９人であった（鄭 2015:4）。

(8) 崔教授は、１９６１年延辺大学朝鮮語文系を卒業し、金日成総合大学に留学した後、１９６４年に中国に帰国、

１９６５年には副博士学位を取得して北京で研究教育事業に従事した。２０１２年3月4日、北京での筆者（権）による聞き取り記録より。

(9) 国際高麗学会「KOREA 学国際学術討論会」(http://www.isks.org/aboutus/prof01.html)

(10) 김광림「나의 조선족 이야기1――일본에서의 조선족 단체의 활동」조글로컬럼 (http://www.zoglo.net/blog/read/jinguanglin/133960/0/0)

(11) 島一郎教授（1937-2009）の門下生たちが制作したホームページを通して、趙教授の軌跡を紹介している（http://www.kanbai.skr.jp/kyu_manshu.html）。

(12) 韓国メディアが制作・放映した次のドキュメンタリーを通して、朝鮮族社会の発展に向けた課題の指摘や提言も行っている。２０１８年9月24日16時20分~17時30分ＴＢＣ大邱放送「추석특집 〝다시 부르는 아리랑――조선족 디아스포라 이야기〟」

(13) 国費、私費を問わず、１９８０年代中国人留学生と関連した先行研究は、厳しい選抜の手続きを踏んで来日したエリート層の属性に関する研究があるが（薬 1990）、朝鮮族がどのくらい含まれているのかに関する言及はない。確認方法があるとすれば、日本に留学し、大学教授や企業家になり、自ら留学生活を振り返りながら書き記している場合である。김광림「나의 체험을 통해 본 일본과 미국의 조선족」조글로컬럼 (http://www.zoglo.net/blog/read/jinguanglin/65069)

(14) 中国では、文化大革命以降、10年ぶりに１９７７年に大学入試が再開された。

(15) 何故、東北師範大学に委託されたのかについては、①長春が「満洲国」の首都であったこと、②東北師範大学日本語学科の責任者であった白金山氏は満州国時代の留学生（東京大学教育学部卒業）で、日本側の関係者との交渉時、コミュニケーションが非常にスムーズだったこと、③東北師範大学には日本語学科の中堅教員の谷学謙氏のように建国大学出身の教員が多数おり、日本語で専門科目を教えることが可能であったこと、④大学の指導部が積極的に受け入れたこと、などと説明されている（鄭 2015:9）。

(16) ２０１８年3月17日、日本大学にて行われた金龍哲教授の講演会「境界を生きる――脱マージナル・マン神話は可能か」より。また、もう一人の朝鮮族留学生については、6年間の留学で博士号を取得後に帰国し、北京農業大学（現中国農業大学）の教授として勤務している（鄭 2015:12）。

(17) これらの予備教育が留学生派遣に果たした役割は少なくないが、朝鮮族がどの程度の割合で含まれていたのかは不明である。この点について白土悟は、中国の少数民族に関する監督行政を担当した「国家民族事務委員会」の関係者へのインタビューを通して、少数民族出身者の留学状況に関する統計や国費海外派遣留学生の選抜において、民族的な区分はなかったとの証言を得ている（白土 2011: 619）。

(18) 地方政府が派遣する場合は、「公費留学生」と記述するのがより正確だろうが、資料や文献上で国費と公費の明確な区分が設けられている統計が確認できないため、ここでは「国費」と記しておく。

(19) 就学生は日本語学校のみならず、大学や大学院に入学するための研究生が主な対象であり、彼らには「留学」ではない「就学」という在留資格が付与された。就学生という用語は、１９８１年の入管難民法の一部改正の折に創出された官製用語であり、１９９０年に改正・施行された入管難民法により正式な用語となったが（岡 1994:181）、２００９年の改正により廃止され、「留学」に一元化された。

(20) １９９４年には61万人の出国者数が存在し、このうち27%が私的な目的で出国した。言い換えれば、73%が公的な目的による出国者だということになるが、私的出国者数が公的なそれを越える時期は２０００年になってからである。また、本人の自由意思により旅券の申請ができるようになったのは、２００１年以降である。さらに、２０００年10月に団体旅行に限り、日本への観光旅行が可能となった（田嶋 2010:43-44）。

(21) 日本語学校の設立については法的に機制がなく、行政上の指導や監督の対象ではなかったこともあり、当初は49校（１９８４年）であったのが、89校（１９８５年）、１４３校（１９８６年）、２１８校（１９８７年）とうなぎ上りに増加していた（明石 2010:86）。

(22) 「公益財団法人 国際研修協力機構（Japan International Training Cooperation Organization）の略称。外国人技能実習・研修制度の円滑な運営・適正な拡大に寄与することを事業目的とし、法務、外務、厚生労働、経済産業、国土交通の五省共管により、１９９１年に設立された。２０１２年４月には内閣府所管の公益財団法人に移行している。

(23) このような外国人研修生（現技能実習生）に対する不当な待遇改善のために、社会保険労務士の国家資格を取得して、関西を中心に活躍する朝鮮族女性もいる。『黒竜江新聞』２０１７年11月６日「재일외국인기술실습생들의 〝수호천사〟 노무인원 감리단체 국제사업부 부장 겸 이사 김진의」（http:// www.zoglo.net/board/read/m_renwu/321372/0/0/1）

(24) 中国人の外国人登録者数（２０００年のうち、多数を占めるのは、「日本人配偶者」（５万５２５人）であり、その次が「永住者」（４万８８０９人）、「留学」（４万５３２１人）、「定住者」（３万７３３７人）、「家族滞在」（３万２３０６人）、「就学」（２万６５４２人）の順である。「配偶者」「永住者」「定住者」は長期滞在と就業制限のない在留資格であり、このなかには初期留学生が、日本企業に就労するか自営業を展開するなど経済的に安定した階層を形成するにつれ、安定的な在留資格への変更を行ったものと推測される。

(25) その他の要因としては、中国の留学生派遣奨励政策を挙げることができる。とりわけ、１９９３年に留学の歴史上もっとも開放的な「留学を支持し、帰国を奨励し、往来を自由にする」という斬新な留学政策の基本方針は、中国の近代化を加速させるために、高度人材の早期育成を目的とした留学生派遣を奨励した（坪井 2006:9）。

(26) この規制緩和を通して名目上、留学生、就学生として入国し、実質的には未熟練労働者として就労「偽装留学生」問題も、２０００年ごろから顕著になり始める（寺倉 2011:185）。

(27) 法務省「在留外国人統計」（２０１８年12月現在）（http://www.moj.go.jp/housei/toukei/toukei_ichiran_touroku.html）

(28) 首都圏で活動する朝鮮族7団体が共同で主催した運動会。２０１５年及び２０１６年の共催団体は、在日朝鮮族サッカー協会、在日朝鮮族女性会、在日朝鮮族ゴルフ友好会、在日朝鮮族経営者協会、朝鮮族研究学会、天池協会、延辺大学日本校友会で、２０１７年度からは世界韓人貿易協会千葉支会も共催団体として参加した。なお、運動会に関する記述は、筆者である権と金が、朝鮮族研究学会の担当委員として準備段階から実行委員会に参加した経緯から、その際の参与観察に基づいていることを付言しておく。

(29) ＷＤさんの例は「移動する子ども」当事者の実践であるが、「複数言語環境で成長する子ども」をめぐる親の教育戦略を明らかにした研究（趙 2016）や、子の世代である。移住世代のアイデンティティを、マルチリンガリズムやトランスナショナリズムの観点から取り上げた研究（Kim 2018）も参照されたい。

(30) 次世代の多言語教育をめぐる活動としては、首都圏における「東京泉学校」（http://homepy.korean.net/~izumischool/www/）および「宇賢教育学院」（http://www.ukenkyoiku.jp/）の取り組みがあるほか、大阪でも、関西朝鮮族女性会および女性経営者協会（２０１９年3月設立）が取り組んでいる。

【参考文献】

（日本語）

明石純一、２０１０、『入国管理政策――「１９９０年体制」の成立と展開』ナカニシヤ出版

蘭信三編、２０１３、『帝国以後の人の移動――ポストコロニアリズムとグローバリズムの交錯点』勉誠出版

王律、２００１、「中国留学生送り出し政策の沿革と留学生ブームの推移」『中国研究月報』第55巻10号、29～41頁

岡益巳、１９９４、「中国人就学生問題に関する一考察」『岡山大学経済学会雑誌』第25巻３号、１８１～２００頁

川上園子、２００６、「数字から見る外国人研修生・技能実習生」外国人研修生問題ネットワーク編『外国人研修生時給３００円の労働者』明石書店、70～82頁

川上郁雄、２０１７、「「移動する子ども」をめぐる研究主題とは何か――複数言語環境で成長する子どもと親の記憶と語りから」『ジャーナル「移動する子どもたち」――ことばの教育を創発する』移動する子どもフォーラム、１～19頁

倉田良樹、２００３、「専門的・技術的労働者の受け入れ」依光正哲編『国際化する日本の労働市場』、東洋経済新報社、77～96頁

倉田良樹・松下奈美子、２０１８、「日本の外国人高度人材受け入れ政策の検証」移民政策学会設立10周年記念論集刊行委員会編『移民政策のフロンティア――日本の歩みと課題を問い直す』明石書店、88～93頁

小井土彰宏編、２０１７、『移民受入の国際社会学』名古屋大学出版会

小林倫子、２０１２、「ニューカマー中国人」樋口直人編『日本のエスニック・ビジネス』世界思想社、73～１０１頁

権香淑、２０１１、『移動する朝鮮族――エスニック・マイノリティの自己統治』彩流社（＝권향숙저、신종원역、２０１５、『이동하는 조선족――소수민족의 자기통치』한국학중앙연구원）

権香淑、２０１５、「中国朝鮮族の移動する文化とコミュニティ――跨境的生活に埋め込まれた親族ネットワーク」『韓国朝鮮の文化と社会』第14号、１０７～１３８頁

権香淑、２０１８、「中国朝鮮族の移動とコミュニティ研究における理論的課題――トランスナショナルな枠組みの批判的継承に向けて」『朝鮮族研究学会誌』第８号、28～53頁

権香淑、2019、『〈増補新版〉移動する朝鮮族――エスニック・マイノリティの自己統治』彩流社
権香淑・金雪・呉泰成、2016、「日本における朝鮮族コミュニティの変遷と定住化――2015年調査を中心に」『朝鮮族研究学会誌』第6号、1~33頁
白土悟、2011、『現代中国の留学政策』九州大学出版会
田嶋淳子、2010、『国際移住の社会学』明石書店
段躍中、2003、『現代中国人の日本留学生』明石書店
趙鳳彬、2003、『東北アジアを生きる――あるコリアン系中国人の「三国志」』創言社
趙貴花、2016、『移動する人々の教育と言語――中国朝鮮族に関するエスノグラフィー』三元社
朝鮮族研究学会編、2016、『在日中国朝鮮族運動会 2015 in Tokyo 資料集』在日中国朝鮮族運動会 2015 in Tokyo 資料集編集委員会
坪井健、2016、「在日中国人留学生の動向と今後の課題」『駒澤社会学研究』第38号、1~22頁
鄭亨奎、2016、「新中国の草創期における日本留学と予備教育」『朝鮮族研究学会誌』第5号、1~14頁
寺倉憲一、2011、「我が国における中国人留学生受入れと中国の留学生政策」『世界の中の中国――総合調査報告書』国立国会図書館、181~197頁
松岡弘、1982、「中国赴日留学生予備学校における日本語教育」『日本語学校論集』第9号、97~111頁
宮島美花、2017、『中国朝鮮族のトランスナショナルな移動と生活』国際書院
李東哲、2010、「愛するわが故郷――延辺」『アジア研究所所報』第138号、亜細亜大学アジア研究所、1~3頁
林梅、2014、「「与えられた」選択としての国際結婚――日本に嫁いだ中国朝鮮族女性の生活史を中心に」『東アジア研究』第62号、99~111頁
本田弘之、2012、『文革から「改革開放」期における中国朝鮮族の日本語教育の研究』ひつじ書房
莫邦富、1990、「在日留学生のある側面について」『季刊中国研究』第18号、71~86頁
莫邦富、2005、「大平学校をご存知ですか――終了から20年、卒業生の歩みをたどる」『遠近』第6号、国際交流基金、15~20頁
薬進、1990、「在日中国人留学生の推移と現状」『季刊中国研究』第18号、59~70頁

山下清海、２００７、「第二次世界大戦後における東京在留中国人の人口変化」『人文地理学研究』第31号、97～113頁
李培建、２００９、「大連外国語学院における日本語の短期強化教育」『中央学院大学社会システム研究所紀要』第９巻２号、91～102頁

（朝鮮語）
권향숙、２０１６、「１９９０년대 이후 조선족의 도일과 정주화——가족분산과 재결합의 관점에서」『일본비평』제14호、서울대학교일본연구소、１５９～１８１쪽
黃有福、１９９６、『중국조선족 사회와 문화의 연구』民族出版社
禹哲熙他編、２００４、『朝鮮族英才録（朝鮮文）』遼寧民族出版社

（中国語）
趙鳳彬、２０１０、『我的人生自述——一个朝鲜族家族变迁史录』民族出版社

（英語）
Faist, Thomas. 1998. "Transnational Social Spaces out of International Migration: Evolution, Significance and Future Prospects." *European Journal of Sociology*, 39(2): 213-247
Liu-Farrer, Gracia. 2011. *Labour Migration from China to Japan: International students, transnational migrants.* London: Routledge.
You Gene, Kim. 2018. "The Identity of Joseonjok (Korean-Chinese) Migrants in Japan: The Influence of Multilingualism and Transnationalism on Self-Identification." *Journal of Graduate School of Asia-Pacific Studies*, 36:57-71（『アジア太平洋研究科論集』３）

第Ⅲ章

草創期における中国朝鮮族の日本留学[1]

——元留学生を事例に

鄭亨奎

1　はじめに

中国と日本は1972年に国交正常化を実現したが、当時中国ではまだ文化大革命が続いていたので、本格的に日本へ留学生を派遣するようになったのは改革開放政策の実施後のことである。中国政府は1978年から西側諸国を中心に大量の留学生派遣を開始し、日本への大量派遣は1979年以降から実施した。選考方法は教育部によって基準が作成され、各省政府と中央政府の関連部局がその基準にしたがって、留学予備生の資格審査を行い、合格者（学部留学生を除く）に対して出国留学日本語統一試験を課していた。1980年代初期において、公費留学生全体のなかで中国朝鮮族[2]が占める割合[3]は、突出して高かった。それは当時朝鮮族の知識人が専門知識だけではなく、特に日本語能力が高かったことに起因する。ではなぜ朝鮮族は他の民族に比べ日本語能力が高かったのか。朝鮮族は従来教育熱心であるという評判があり、また朝鮮語は日本語と類似している部分があるので学びやすいという面もあろうが、本章では、特に歴史的に日本が朝鮮半島および「満洲国[4]」の朝鮮人に与えた影響からそれを解明する。

朝鮮族の日本留学に関する資料やデータは乏しい。中国の「出入境管理局」は民族別出入国人員の情報を公開しておらず、日本の法務省が管理する外国人登録者には朝鮮族を含め民族の記載が無いので、朝鮮族留学生の正確な人数、留学の経緯などを把握することは極めて困難である。

改革開放後の中国の留学生政策に関しては石川（1993）の研究があり、中国政府が公布した様々な指示、通達類をもとに、中国の留学生派遣政策の推移をまとめ、国家政策との関係性から検証している。中国人の日本留学に関しては段（2003）の研究があり、改革開放後の（公費・私費を含む）日本留学、留学生の日本での生活、卒業後の選択など、総合的に記述している。しかし、これらは中国人留学生全般に関する研究であり、個別の少数民族の日本留学については言及されていない。

そこで本章では、まず朝鮮族の元留学生へのインタビュー調査を通じて、事実関係を把握する。そして、改革開放後の中国の留学政策、「満洲国」時代における朝鮮人に対する日本語教育、文化大革命終了後の朝鮮族社会における日本語教育について先行研究の整理を行い、インタビューの結果と照らし合わせて、元留学生らが受けた日本語教育の背景、日本留学の経緯、留学後の進路などについて考察した。具体的には、彼らがどのような歴史背景で、どのように日本語を習得し、そして公費留学生(5)に選抜されたか、1980年代後半にはどのような経緯で私費留学を含めて日本留学が目指されたかについて分析を行った。わずかな資料、人的ネットワーク、「口コミ」を手掛かりに調査を行ったが、調査を実施した地域は、日本については主として関東地方と関西地方で、中国は東北（吉林省、遼寧省、黒竜江省）を中心に北京、山東省等である。調査対象者は1980年代初期の公費留学生（大学院生、訪問学者(6)、進修生(7)）、1980年代後半の私費を含む朝鮮族の留学生である。前者の中には高齢ですでに亡くなっている方もいるが、その場合はその親族、知人の証言、資料に基づいて記述した。調査期間は2017年8月～2019年8月であり、合計29人に対してインタビューを行った。

調査方法は、下記の通り設問を設定し、直接本人（あるいは親族、知人）と談話の形式で述べてもらい、それを整理してまとめた。

①日本留学の経緯――日本語学習歴、日本語学習の環境、留学の形態（公費、私費公派[8]、私費）、選抜方法（試験、推薦他）

②来日後の状況――学費、生活費等の経済的負担、奨学金、アルバイト他

③帰国した場合は、帰国後の状況――帰国した理由、勤務先、留学後の変化等。日本で就職した場合は、学業終了後の就職の状況、日本で就職した理由、勤務先、満足度等。

年度を含む事実関係に関しては、再度関係者に確認して、裏付けを取ることにした。なお、本章が調査対象として取り上げるのは、前章（本書第Ⅱ章）で提示された時期区分のうちの草創期に来日した留学生である。具体的には、１９８０年代当時、留学用ビザ「4−1−6」を持っていた者、つまり大学の学部または大学院、専門学校の留学生（研究生、研修生を含む）、学者訪問用ビザ「4−1−8」を持っていた者、つまり大学や研究所の客員研究員などであり、就学用ビザ「4−1−13」を持っていた日本語学校の就学生は含まない。以下の本論では、①改革開放後の中国の留学政策と朝鮮族、②「満洲国」における朝鮮人に対する日本語教育と元留学生、③文化大革命後の朝鮮族の日本語教育と元留学生、④大平学校と朝鮮族の日本語教師について記述する。

2 改革開放後の中国の留学政策と朝鮮族

中国政府は1978年から西側諸国に公費派遣留学生を大量に送り出した。その大半は理工系で占められ、アメリカとイギリスが中心で、日本は三番目に派遣者数が多い派遣対象国であった（王2001:30）。教育部は1978年8月に「出国留学生の派遣数増加と選抜に関する通知」を出し、留学生の選抜方法を決定している。大学院生の選抜については、大学院の入学試験の成績と出国留学外国語統一試験の成績を基準に判断した。訪問学者、進修生については、教育部によって選抜基準を作成し、各省政府と中央政府の関連部局がその基準にしたがって、留学予備生の資格審査（政治思想や専門性）を行った上で、合格者に出国留学外国語統一試験を受験させた（王2007:21）。

日本への留学生の大量派遣は実質的に1979年以降から始まった。この時期には主として大学の教員、現役大学院生や研究機関の研究者が派遣留学生の候補となった。

なお、学部留学生の選抜は同年の「出国留学予備生の選抜に関する通知」に基づくが、日本留学派遣予備生の選抜には日本語の統一試験を課していないのでここでは論じない。ちなみに、学部留学生（5年間で計379人）には朝鮮族が含まれていない。[9] また日本以外の国への公費留学生に朝鮮族出身者がいたかどうかは不明であるが、少なくとも日本に留学した朝鮮族のように多数いたという形跡はない。

新中国成立後[10]、中国では外国語は英語が主流で、日本語教育はごく少数の大学の日本語学科を除いて、初等中等教育では行われなかった。したがって、改革開放後の初期、留学生選抜試験の一つである日本語の試験では、戦前すでに日本語を習得した朝鮮族が有利であったことは言うまでもない。

1980年の時点で朝鮮族の社会では公費留学生が多数確認された。筆者が大学に在学していた頃、同大学の朝鮮族であったC4氏が大学院の公費留学生に選抜され、同僚やその親戚たちが送別会を行っていた。また、筆者の故郷にある某大学では、C1氏とC2氏が公費留学の訪問学者に選抜され、同大学は祝賀のムードに包まれていた。こういうニュースは当時決して珍しくなかった。多くの人は羨望の眼差しでそれを見つめていた。日本留学を目指す知識人はそのようなニュースに希望をみいだし、日本語学習者は学習意欲を高めたものだった。ただ、この時点で日本留学はまだ大学や研究機関など一部のエリート集団に限られていた。

1979年から1981年の間に、中国政府が海外に派遣した留学生総数は6064人で、そのうち学部生が548人（9％）、大学院生567人（9・4％）、訪問学者・進修生4949人（81・6％）である（李編 2000:690）。派遣期間が短期の訪問学者・進修生が圧倒的に多いことが分かる。

1982年7月にすでに私費留学に関する規定はあったが、大変厳しい条件が付けられていた。例えば、国外に定住する親戚や友人が学費や生活費の全額を負担してくれること、大学ないし大学院に入学する場合は35才以下であること、大学に在学中の学生や大学卒業後2年に満たない者は私費留学の申請ができないこと等とされていた。そして非常に煩雑な手続きが要求された。朝鮮族が集住している延辺には朝鮮半島北部の出身者が多く、もともと生活難のために移住してきた貧しい農民が少なくなかったので、海外に裕福な親族がいる家族はめったにないのが実情であった。この時期に私費留学を果たした朝鮮族はあったとしても稀なケースで、ほとんど聞かれない。

１９８４年12月、中国政府は「私費留学に関する暫定規定」を発表し、私費留学の制限を大幅に緩和した。近代化建設のためには緊急に大量の高度人材を必要とするが、国家派遣留学では追いつかない現状を改善するために、「正当な合法的手続きで外貨による費用援助を受けられる者、或いは海外の奨学金を得られる者には学歴、年齢、勤務年数を問わず」私費留学が認められることになった（石川 1993:17）。規定では、大学に在籍している学生が私費留学を申請する時は、一年間、学籍を保留することができる。現職の人は私費留学を申請する時、一年間、無給休職扱いにすることができる。業務の中堅は「私費公派」の形で留学を取り扱うことができる、などとしていた（段 2003:65）。「私費公派」の場合は期間限定で有給休職扱いすることになっていたが、それは限られた財政負担でより多くの留学生を派遣するためであった。政府の公費留学生派遣には莫大な外貨が必要である。当時、公費派遣留学生には、一年につき中国の収入水準で言えば平均的労働者の収入の十数年分、或いはそれ以上に相当する貴重な外貨を必要としていた（石川 1993:22）。一人の公費学部留学生を派遣するのに、国内の大学で大学生を養成する費用の20倍以上もかかるといわれていた。公費だけで留学生の大量派遣には限界があったので、私費留学生を奨励する政策が打ち出されたのであり、「私費公派」政策もその一つであった。

それでも初めの頃はその規定が一般庶民には周知されず、それに出入国管理当局（当時は公安局管轄）の厳しい審査のため、留学する者の数はなかなか伸び悩んだ。１９８６年12月、国家教育委員会により「出国留学人員工作に関する若干の暫定規定」が制定されたが、それまで一般に非公開であった留学関連法規が公開されるようになった（白土 2010:23）。１９８０年代後半になると「私費公派」を含む私費留学生が急増し、中国人留学生の人数が１９８３年の２１３６人から10年後の１９９２年には２万４３７人と約10倍になった（段 2003:88）。そしてそれまでは公費留学生が主流であったが私費留学生が公費留学生の人数を上回るという逆転現象が起きた。

朝鮮族の社会では日本留学を目指す者たちの情報交換、日本語学習グループの結成などの動きが活発に行われた。彼らは文化大革命後に大学で日本語を学習したか、中学・高校で外国語科目として日本語を学習していたので、関心が高いのも当然のことであった。

韓（2012）は、現役の大学・高校の教師で、日本語の学習経験のある朝鮮族を対象にアンケート調査を行い、１９８０年代後半の学習者には、日本の高度な経済発展の影響もあり、日本へ留学したいということが日本語を学習する中心的な動機となっていると指摘している（韓 2012:181）。大卒者であれば教育関係者のみならず、会社員や公務員まで、そして高校卒業生までが日本留学を目指すようになり、日本留学ブームが起きた。

3 「満洲国」における朝鮮人に対する日本語教育と元留学生

朝鮮族は朝鮮半島から中国へと移動してきた移民であり、その移住はすでに清朝末期から始まっていたが、20世紀に入り急増した。満洲事変直後の満洲[11]には朝鮮人が63万人居住していたが、その多く（約50万人）は間島[12]に集住していた。これは間島人口全体の80％を占めていた。「満洲国」時代には、組織的な移民政策が行われ、朝鮮人の人口はさらに膨らんだ。歴史的経緯もあり、在満朝鮮人は「満洲国国民」であると同時に「日本帝国臣民」でもあった。したがって、学校教育においても「満洲人」（＝「満洲」に居住している中国人）と大きな違いが見られた。

1936年当時、「満洲人」の小学校では、国語である「満語」（＝中国語）の授業が6年間で計44時間あるのに対して、日本語の授業は計10時間にすぎなかった。一方、在満朝鮮人が在籍している小学校では6年間で朝鮮語の授業が20時間あるのに対して、「国語」とされた日本語は46時間もあった（徐・王 2017:123）。そして教授用語は日本語で、学校で朝鮮語を使用すれば罰則を受けるなど、徹底した日本語教育が行われた。1938年からは朝鮮人学校での朝鮮語教科は従来の必須科目から選択科目に変更され、授業時間数も大幅に減らされた。1941年からはすべての学校において教育課程から朝鮮語科目が徹底的に除外され、日常用語まで朝鮮語の使用は厳しく制限されたという（黄 2017:101）。

当時の経験者の証言（筆者の父を含む）を総合すると、朝鮮人学校の教師のほとんどは朝鮮半島で日本教育を受けた朝鮮人で、校長は日本人である場合が多かった。授業用語は日本語で、学校には「朝鮮語使用禁止」の規則があり、違反すれば体罰を受ける。教科書は朝鮮総督府が編纂した日本語で書かれたものであり、体育の授業では銃剣術や戦地救護訓練等、日本人学校とほぼ同じ内容のものが行われた。名前は全て強制的に日本人名が使用された。それに対して「満洲人」学校では教師はほぼ中国人、授業用語は中国語、体育の授業では体操くらいで、名前も変えることがなかったという。朝鮮人は「満洲人」に比べてかなり高い日本語の応用能力を有していた。古くから「教育熱心な民族」であるという定評があり、就学率も断然高かった。

間島地域の名門校である龍井光明中学校（後に「間島省第一国民高等学校」に名称が変わる）を例にすると、入学試験は日本語で行い、学生はかなり高い日本語能力を有していた。また教師の学力も高く、専任教員には東京帝国大学を卒業した日本人の教師や、早稲田大学、京城帝国大学などを卒業した朝鮮人教師もいた。学生の卒業進路は極めて広く、官・公署就職者、学校教員、銀行、上級学校進学など様々であった。1936年、間島省における「満洲国」国費補助学生合格者3人のうち2人が光明中学校出身であるという（花井 2016:42）。

「満洲国」における「満洲人」と朝鮮人に対する日本語教育の大きな違いは、それが「外国語」としての日本語か、「国語」としての日本語か、ということにある。初等教育、中等教育を受けた朝鮮人は国語として日本語を習得したため、日本語の運用能力がネイティブに近い者が多かった。「満洲国」における日本語教育は日本側の植民地教育ではあったが、朝鮮人側は植民地を支配する側の政策を逆手にとって、自分達にとって有利にしていく方策をとったとの指摘もある（花井 2016:45）。

朝鮮族C1氏は1930年代生まれで、「満洲国」時代に初等教育を受けている。1950年代に中国の大学を卒業し、1960年代には名門大学の大学院に進み、修士号を取得した。大学在職中の1980年4月に教育部の留学試験に合格し、公費留学生として日本の国立大学で2年間学んだ。C1氏は成績が優秀で、日本語も上手だったし、政治思想の評価も高かったのでスムーズに合格したという。留学期間中、大学の中国人留学生校友会長を務め、積極的に日中友好交流にも参加した。1990年にC1氏が再度来日した時、筆者は彼を自宅に招き歓談したことがあるが、当時のことを次のように回想していた。

その時は中国人留学生が非常に少なかったので、メディアの取材も多かった。大事な機会だったので、一生懸命に勉強し、時間の余裕さえあれば日本人の方たちと交流した。みなさんとても親切だった。

私たちの共通の友人である歯科医のN氏はC1氏のことを「日本語がとてもうまく、博学でした。話をして外国人という感じがしなかったです」と称賛していた。C1氏は帰国後、元の大学に戻り、大学院生の指導に尽力した。その教え子が今、日本で活躍している。

C2氏もC1氏と同じ大学から同じ時期に日本に派遣された公費留学生である。留学終了後すぐ帰国し、中国の某大学で副学長などの要職を歴任している。

同時期に同大学に公費留学生として留学した朝鮮族にC3氏がいるが、彼は2年後に博士号を取得した。C3氏が2度目に来日した時、筆者とC3氏の共通の友人であるアジアホームステイ協会会長宅で歓談したことがあるが、日本留学をしたおかげで、大学で重要ポストに就き、研究環境もかなり好転したと述べていた。定年退職後は私立学校を設立し、初代校長を務めた。

『朝鮮族英才録』（禹2004）に記載されている金宗哲氏、鄭沢根氏、『東北アジアを生きる』（趙2003）の著者である趙鳳彬氏の3人とも、1980年代初めに試験により公費留学生に選抜され、訪問学者として日本に短期留学をした。いずれも1930年代生まれで朝鮮半島出身者か、「満洲国」時代に「国語」として日本語を習得した世代で、大学の教授である。

C4氏は1940年代生まれで、文化大革命の直前に地方の大学を卒業し、高校の教師をしていた。1977年に大学入試が回復した後、大学院の試験に合格し、某大学の大学院生となる。一年後に日本留学の予備生試験に合格し、大連外国語学院で日本語の研修を受けることになった。C4氏の周りには親戚・先輩など日本語ができる人が多かったので、大学時代から密かに日本語を習い始め、それが効を奏して日本語の試験に見事に合格した。1980年1月に広島大学に入学し、4月から大学院生になった。当時の広島では、地元紙『中国新聞』[13]にも中国政府初の公費大学院留学生として彼を紹介する記事が掲載された。広島大学物理学研究科で修士課程を修了する時期に、指導教授が大阪大学に移動することになったので、大阪大学大学院博士課程に進学することになった。1985年3月、大阪大学で理学博士号を取得し、帰国した。中国政府奨学金（月約8万円）を受給し、宿舎は安い留学生会館だったので、十分ではないが、何とか勉学に専念することができたと当時を回想していた。

帰国後は中国の名門大学である大連理工大学に勤務することになり、物理系博士研究生の指導教授、学部長、学術誌『応用物理』（APP）の副編集長などの要職を歴任した。『SCI』への発表論文数は190本以上で、その多くは『Physical Review』『Physics Letters』などの欧米の重要学術誌に掲載された。単著『量子力学』、共著『量子情報論』他5冊を出版するなど、精力的に研究活動を行った。

当時の中国では地方から大都市に移住することは極めて難しい時代であったが、日本に留学し、しかも博士号を取得したということで、就職の選択肢が増え、とても有利であった。当時のことを振り返りながらC4氏は次のように述べた。

北京、上海など大都市の名門大学に入ることも可能だったが、故郷に近く、気候のいい大連を就職先に決めた。日本留学は自分の人生を変え、中国の最高学府で教育・研究に没頭することができた。

C6氏は1940年代生まれで、中国の大学を卒業後、ある研究所に配属された。両親は二人とも「満洲国」時代に日本語を覚えていたので、ある程度日本語が話せた。特に母方の叔母は瀋陽在住だったが、日本語がとても上手だったという。その叔母に教えてもらいながら独学で日本語の学習をした。そのおかげで1981年に行われた日本留学試験に高得得点で合格し、公費留学候補生に選ばれた。大連外国語学院で日本語の研修を受けながらも、本当に日本留学ができるかどうか当事者たちも直前まで分からなかったという。最終的に候補生の中で47人が日本に留学することになり、奨学金は月12万円で、恵まれた待遇であった。また留学生には留学準備費700元が支給され、かつ、皆でスーツをあつらえることになった。当時、大卒の給料が50元程度だったので、この留学準備費は大金であった。候補生の中には興奮して「共産党万歳！」と叫ぶ人さえいたという。1982年3月、C6氏は公費留学生（進修生）として地方の国立大学に2年間留学した。留学期間中、勉学の傍ら積極的に社会活動に参加し、外国人によるスピーチコンテストで優勝し、高価な賞品と現金をもらったこともあるとのことだった。帰国後、元の研究所に戻り中堅として活躍し、その後、日中間の技術交流などの仕事に従事した。

【表1】は、筆者がインタビューした、1980年代初期に日本に留学した朝鮮族の公費留学生を整理したものである。そこに示されるように、この時期に留学した朝鮮族公費留学生のほとんどは1930年代生まれか

【表1】1980年代初期の朝鮮族の公費留学生

No	性別	生年	来日年度	身分	期間（年）	留学の形態	取得学位	職業
C1	男	1930年代	1980	訪問学者	2	公費		大学教授
C2	男	1930年代	1980	訪問学者	2	公費	博士	大学教授
C3	男	1940年代	1980	大学院生	6	公費	博士	大学教授
C4	男	1940年代	1980	訪問学者	2	公費	博士	大学教授
C5	男	1930年代	1981	訪問学者	2	公費	博士	大学教授
C6	男	1940年代	1982	進修生	2	公費		研究者
C7	男	1930年代	1985	訪問学者	2	公費		大学教授
C8	男	1930年代	1985	訪問学者	2	公費		大学教授

出所：筆者が元公費留学生へのインタビュー調査により作成。

1940年代生まれで、「満洲国」時代にすでに日本語を習得していたか、或いはその年代の人の影響で日本語の学習をした人たちである。そのためほとんどの者が中国東北出身である。多くは短期の訪問学者か進修生で、9割が理工系であった。全員中国政府あるいは日本政府の奨学金を受給していたため、学習に専念することができた。そして学業が終了するとすぐ帰国した。当時、公費留学生には学業終了後には帰国する義務があり、また留学生自身も国を代表して留学したという意識が強かったので、一部の学部留学生以外は全員が帰国した。この時期の公費留学生は厳しい審査と難しい試験に合格した知識人で、エリート中のエリートであった。彼らは日本留学後、国の政策により、大学や研究機関の中枢部門に配属され、教育研究の中堅として活躍した。日本で就職し、現在日本に住んでいる公費留学生もいるが、その多くは一旦帰国した後、1989年以降に再来日したケースであり、それに関しては次節で述べる。

4　文化大革命後の朝鮮族の日本語教育と元留学生

文化大革命の終了とともに1977年に中国では大学入試が回復された。学校教育においては中断していた外国語教育も再開されたが、朝鮮族学校では英語教員が確保できない状況下で、外国語科目として日本語が学ばれた。延辺をはじめ朝鮮族地域には「満洲国」時代に初等中等教育を受け、日本語が話せる年配の知識人が多数いたので、彼らが中等教育の日本語教師として迎えられた。言わば「満洲国」時代の日本語教育の人的資源をフルに活用したわけである。大学や短期大学も同様で、東北地方で最大の民族大学である延辺大学では、１９７９年から日本語学科の学生を募集し、延辺師範学校では１９７７年から学生を募集したが、当初の教師陣はほぼ全員が戦前に日本語を習得した年配の知識人であった。そして、延辺内の朝鮮族学校での日本語教育はその卒業生たちによって支えられることとなった。全国的に外国語教育がまだ試行錯誤の段階において、朝鮮族の中学・高校では日本語が主な外国語の科目として導入され、大学入試や日本留学で大いに役立った。

延辺では１９７８年から学校での外国語授業が回復されると、ほぼすべての朝鮮族中学・高校で日本語が外国語科目として採用された。今日、中国は世界で二番目に日本語学習者が多い国であるが、１９９１年頃まで中国における日本語学習者の約30％は朝鮮族で占められていたと推定されている（本田 2010:2）。また、日本語と朝鮮語の類似性から朝鮮族は漢民族より日本語を習得しやすいことも その一因である。

【表２】は、筆者がインタビューした者のうち、１９８０年代に来日した朝鮮族留学生で、現在、日本に在住している者の一覧である。そのうちのひとりであるＪ１氏は１９５０年代生まれで、彼の父親は知識人で「満洲国」時代に初等教育を受けていたので日本語ができた。また周りに日本語のできる人がいたので、教わりながら独学で日本語を学習した。１９７７年の大学入試の際、外国語試験では日本語を受験し、日本語学科に進んだ。そして１９８２年大学卒業時、全国の大学院統一試験に合格した。大連外国語学院で一年間の日本語研修を経て１９８３年に公費留学生として日本の国立大学大学院に入学した。留学期間中は日本政府から高額の奨学金を受給していたので、勉学に専念することができた。1988年に博士号を取得し、学業終了後すぐ帰国した。中央所轄の研究所に勤務したが、その後、日本の国立大学の助教授として赴任した。現在は日本の公立大学の教授であり、かつて学部長を務めた経験もある。一旦帰国しながらまた日本に戻って就職した理由については以下の2点をあげていた。第一に、1989年の天安門事件により、「海帰[14]」の中には中国を離れるものが多くなった。第二に、当時、中国の研究環境はあまりよくなかった。その時に日本の大学からの要請があったので日本で就職する決意をした。同時期に公費留学生として日本に留学

【表2】1980年代の朝鮮族の留学生（日本在住）

No	性別	生年	来日年度	身分	取得学位	職業
J1	男	1950年代	1982	大学院生	博士	大学教授
J2	男	1950年代	1985	大学生		会社員
J3	男	1950年代	1985	進修生		自営業
J4	男	1940年代	1985	進修生		経営者
J5	男	1950年代	1986	大学院生	博士	大学教授
J6	男	1950年代	1986	進修生		会社員
J7	男	1950年代	1986	大学院生	修士	経営者
J8	男	1950年代	1986	大学院生	博士	大学教授
J9	男	1950年代	1986	進修生		自営業
J10	男	1950年代	1987	大学院生	博士	大学教授
J11	男	1950年代	1988	大学院生	博士	経営者
J12	男	1950年代	1988	大学院生	博士	経営者
J13	男	1950年代	1988	大学院生	博士	大学教授
J14	男	1950年代	1988	大学生		会社員
J15	男	1950年代	1988	大学生		会社員
J16	男	1960年代	1988	大学院生	博士	大学教授

出所：筆者が元留学生へのインタビュー調査により作成。

したC9氏は、1988年に日本の国立大学で博士号を取得し、学業終了後すぐ帰国した。中国の大学で大学院博士課程の指導教授として活躍した。

J7氏は1950年代生まれで、1982年に大学を卒業した後、国営の研究所に配属された。大学で外国語科目は日本語を選択したのは、父親が某市の政府役員で日本語ができたのでその影響が大きかったという。1985年、市の技術代表団の一員として日本訪問をした。それをきっかけに翌年、私費留学生として来日し、アルバイトをしながら勉強した。大学院の修士課程を修了した後、日本で大手スーパーに就職した。日本側の代表として中国に派遣され、日系スーパーの設立に携わった。その後、退職して会社を設立し、現在は中国、ベトナム、東南アジアを拠点に、製造・貿易のビジネスを展開している。現在の仕事に大変満足しているという。

J8氏は1950年代生まれで、父親は「満洲国」時代に中等教育（師範学校）を受け、新中国成立後も政府の日本関連の仕事に従事したことがあり、高度な日本語能力を有していた。その影響で父親に教わりながら独学で日本語を習い、1977年の大学入試の際、日本語の追加試験[15]を受けたため、たまたま大学の日本語学科に入学した。1982年に大学を卒業した後、国営の研究機関に勤務し、日本関連の仕事をしていたが、その人脈で1986年に「私費公派」で日本に留学し、地方の国立大学大学院に進学した。在学中、修士課程では日本学生支援機構私費外国人留学生学習奨励費（月6万5000円）を、博士課程では日本政府の奨学金（月17万9500円）を受給していたので、恵まれていた。博士号取得後、日本の私立大学に採用され、現在（教授）に至っている。定年後も日本に永住する予定である。

Ｊ９氏は１９５０年代生まれで、１９８２年に中国の大学を卒業した後、大学院に進学し、修士課程修了後は大学に勤務した。大学での外国語科目は日本語を選択した。１９８８年に教育部の日本留学試験に合格し、公費留学生（進修生）に選ばれた。日本の地方大学で２年間勉強し、終了後は日本で会社に勤めながら資格を取り、後に独立して事務所を設立した。留学中は日本政府奨学金（月12万円）を受給していたので、アルバイトもせずに勉強したという。現在、日本に定住している。

Ｊ１氏のように中国にいながら、日本の国立大学に直接就職するケースは稀である。多くは１９８９年以降に学業が終了した時に日本で就職している。その主な理由は、天安門事件による中国国内の政治情勢への不安、当時の日中の経済格差等がある。公費留学生は帰国する義務がありながら日本で就職することに関しては賛否両論がある。中国にとっては「頭脳流出」であり、政府が神経をとがらせているのも当然のことであろう。そして、今日の留学生には国家意識が希薄であり、著しく個人主義の方向に傾いている、との指摘もある。朝鮮族の元留学生の心情はさらに複雑で、これは常に議論の話題となっている。

この時期の朝鮮族の留学生には以下のような特徴が見られる。①「満洲国」時代に日本語教育を受けた世代の影響で日本語を学習し、大学では日本語を専攻している人が多い。②改革開放後、中学・高校で日本語を学習している。③日本では大学院に進学し、学業終了後は日本で就職し、定住するケースが多い。その理由の一つに、彼らの学業終了時に、中国では天安門事件（１９８９年）が発生したことが挙げられる。公費・私費ともに帰国が進まず、日本での就職が急増するようになった。一方、中国では政府派遣公費留学生が減少傾向にあり、一時は私費留学生も伸び悩んだ。そこで、1990年、中国政府は「留学を支持し、帰国を奨励し、往来は自由」という方針を発表し、私費留学の規制を漸次廃止した。これが1990年代以降の中国人留学生の急増へとつながった。

朝鮮族は「中国人」であるというナショナル・アイデンティティと、「朝鮮族」であるというエスニック・アイデンティティとをあわせ持つ。現在、日本在住の朝鮮族の正確な人数は把握されていないが、8万人とも10万人とも言われている。彼らは日本で朝鮮族独自のコミュニティを形成しており、大きな団体だけで20以上を超えている。それを束ねる組織が今年成立した「全日本中国朝鮮族連合会」である。そしてそれをリードしているのが1980年代、90年代に来日した元留学生たちである。

J11氏は1950年代生まれで、中国の大学で教師をしていたが、1988年に私費留学生として来日した。わずかな持参金でアルバイトをしながら大学院の受験勉強をし、国立大学の大学院に入った。初年度は日本学生支援機構私費外国人留学生学習奨励費で生活費を賄っていたが、翌年日本政府の奨学生に選ばれたので、勉学に専念することができた。1993年に博士号を取得した後、日本の会社に就職したが、数年後、退職して会社を設立し、代表取締役社長に就任した。事業は成功し、順風満帆である。仕事の傍ら積極的に在日朝鮮族社会の活動に参加し、リーダー的な役割を果たしている。今は「全日本中国朝鮮族連合会」の副会長として日中友好の交流事業にも力を入れている。

日本在住の元留学生の中には公費留学生（主に短期の進修生）として来日し、その後、Ｊ16氏のように私費で大学院に進学した人もいれば、Ｊ４、Ｊ９氏のように公費学習の期間が終了した後、日本で就職して定住した人もいる。また人数は少ないが、Ｊ８、Ｊ11のように私費留学生として来日し、その後日本政府の国費奨学生になった人もいる。多くは１９８０年代後半に私費で来日し、学業終了後は日本で就職した。

１９８９年以降、公費留学生を含め、中国人留学生が海外に滞留して帰国しない状況は深刻であった。１９９２年８月12日に国務院弁公室が配布した「在外留学生に関する問題の通知」は留学生の帰国を促進すべく、派遣単位に留学生と直接連絡を取るように要求した。しかし、１９９０年代半ばまで、中国の国家公費派遣留学生が海外に滞留して帰国しないという状況に大きな変化は見られなかった（王 2007:23）。この時期に朝鮮族の元留学生がどのくらい帰国したか、その把握は難しい。限られた情報から、以下に挙げる元留学生について調査を行った。

【表３】は、インタビューを行った者のうち、１９８０年代に留学し、留学終了後に帰国した元留学生を整理した一覧である。Ｃ

【表 3】1980 年代の朝鮮族の留学生（中国在住）

No	性別	生年	来日年度	日本での身分	期間（年）	留学の形態	取得学位	職業
C9	女	1950 年代	1982	大学院生	6	公費	博士	大学教授
C10	男	1940 年代	1988	訪問学者	2	公費		大学教授
C11	男	1950 年代	1988	訪問学者	1	公費		大学教授
C12	女	1950 年代	1989	大学院生	6	公費	博士	大学教授
C13	女	1960 年代	1989	大学院生	6	私費	博士	大学教授

出所 : 筆者が元留学生へのインタビュー調査により作成。

12氏は1984年に大平学校の第四期研修生として一か月間、日本で研修を受けたことがあるが、その経験が日本での人脈を広げた。1989年、公費留学生として来日し、大学院に進学した。1995年に博士号を取得するとすぐ帰国した。帰国した理由について以下のように述べた。

（帰国した理由は）公費留学生だったので帰国の義務があるから。日本では大学等の研究機関に就職することは難しいので、一般の会社に就職してもせっかく大学院で習った知識を十分発揮できない。当時中国では帰国した留学生に優遇政策を取っていた。

事実、C12氏はもともと中国で国立大学の中堅教員であったが、日本で博士号を取得したことにより、教育・研究環境がさらに改善された。教授に昇進し、研究チームのリーダーになった。国立大学を定年退職した後は沿岸都市の私立大学に再就職し、今も現役（教授）で活躍している。

5 大平学校と朝鮮族の日本語教師

1980年8月、前年の大平正芳首相（当時）と華国鋒主席（当時）の合意に基づき、中国における日本語、日本研究、日本との交流に携わる人材の養成を目的に「日本語研修センター（中国名「中国日語教師培訓班」、通称「大平学校」）」が設立された。それから1985年7月までの5年間で、中国の162の大学（外国語学校を含む）に所属する日本語教師594人がここで研修を受けた。これは日本のＯＤＡ（計10億円）支援によるものである。研修生の選抜対象は、大学（外国語学校を含む）で日本語を教える、壮年・青年層の中堅の専任教師であり、健康且つ統一試験に合格することを必須条件としていた（孫 2018:88）。

大平学校は狭き門で研修生には高い日本語能力が求められていたが、初期の研修生には文革世代が多かった。当時の一期生の証言によると「文革勃発時の１９６６年時点ですでに大学ないし専門学校を終えていたものおよそ30名、残りの90名は文革世代であった」（孫 2018:89）。文革世代が全体の四分の三を占めることになる。当時（１９８１年）の日本人教師の谷部氏は大平学校の研修生たちの日本語学習歴について以下のように記している（孫 2018:89）。

…年配の研修生の中には、様々な経験の持ち主がいる。日本で小、中学校教育を受けた者、台湾や中国東北地方出身の者、父親や日本人についてほとんど自力で日本語を習得した者、ロシア語から転身させられた者など。

調査の結果、5年間で大平学校には朝鮮族の研修生が24人いたことが確認された（【表４】はそのうちの一部である）。これは人口の割合から見るとかなり高い数字である。初期の第一、二、三期生には朝鮮族の研修生が15人確認されたが、そのほとんどが中国東北出身者で戦前に日本語を習得した「年配」の方たちである。

Ｄ１氏は１９３０年代生まれで、「満洲国」時代に間島で初等中等教育を受け、新中国成立後、中国の名門大学に日本語教師として在職していたところ、第一期の試験に合格した。研修修了後も日本語教育のエキスパートとして活躍した。

D2氏は文化大革命の最中に大学を卒業し、学校教育では日本語教育を受けていないものの、父親が大学の日本語教師だったので、その影響で日本語を学習し、文革終了後の一期生として大学院に進学し、日本語の研究をしていた。そして、修了後、名門大学の日本語教師となり、大平学校の一期生に選抜された。

「労農兵学員」[16]で日本語学科を卒業して日本語教師になった者（現在は日本在住）、独学で日本語を習得し、後に日本語学科の教師になった者もいる。

C11氏は1950年生まれで、1968年、文化大革命の最中に農村に下放された。1970年から日本語を独学で習いはじめたが、たまたま同じ村に戦前に早稲田大学に留学したことのある知識人（右派[17]）が一人いたので、夜密かに訪ねて日本語を教えてもらった。教科書は北京大学の陳信徳編纂の『现代日本语实用语法』上・下2冊を使用したが、大変苦労して手に入れたと言う。1974年に推薦により地方の大学に入学した。3年後に卒業し、

【表4】「大平学校」の朝鮮族の研修生

No	性別	生年	来日年度	日本での身分	期間（月）	留学の形態	職業（当時）
D1	男	1930 年代	1981	研修生	1	公費	大学の教員
D2	女	1940 年代	1981	研修生	1	公費	大学の教員
D3	男	1930 年代	1981	研修生	1	公費	大学の教員
D4	男	1950 年代	1984	研修生	1	公費	大学の教員
D5	男	1950 年代	1985	研修生	1	公費	大学の教員

出所：筆者が元留学生へのインタビュー調査により作成。

同大学の助手になり、その後、日本語ができるという理由で同大学の日本語学科に移動になった。１９８０年、所属大学でただ一人、大平学校に合格した。１９８１年3月に大平学校の訪日研修（日本側の正式名称は「中華人民共和国日本語講師研修会」に参加し、一か月間、日本を訪問した。C12氏は当時のことを次のように回想した。

私は独学で日本語を覚えたので書物は読めたが、会話は全くできなかった。それに対して、K大学のD３先生（「満洲国」時代に初等・中等教育を受けた朝鮮族）は、まるで日本人のように不自由なく日本人の先生とも会話をしていた。晩さん会のパーティーで急に団長の通訳に指名されたが、まるで自分がスピーチをするように堂々と日本語の通訳をしていたので皆を驚かせた。

このように同じ一期生であっても、日本語能力において、戦前世代と文革世代ではかなり格差があったようである。大平学校での経験で日本関係の人脈が広がり、C11氏は１９８８年に国際交流基金のプログラムで再度日本に渡り、一年間の研修を受けている。１９９２年には訪問学者として一か月間日本に滞在した。１９８９年から中国某大学の外国語学院長を務め、今は定年退職している。

第四期からは、１９７７年に大学入試が回復された直後に大学に入学した人が多くなった。彼らは初等・中等までの学校教育で日本語を習ったことがない。何らかの理由から独学で日本語を習い、大学入学後は日本語を専攻し、卒業後、日本語教育の現場で主力として活躍した人たちである。Ｄ４氏はその一人で、氏の口述をまとめると次のようなものである。

たまたま同じ村に、１９３０年代に日本に留学したことのある知識人がいたが、「満洲国」時代に役人をしたこともあり、日本語が非常に上手だったという。その人に教えてもらいながら日本語を習い始めた。１９７７年に大学入試制度が回復した際に試験を受け、見事に名門大学の日本語学科に合格した。総合点数は高くなかったものの、日本語は90点以上の高得点で、この日本語の成績のおかげで大学入学が出来たとのことだった。１９８２年2月に大学を卒業した後、地方の大学の外国語学部に配属され、日本語教師になった。翌１９８３年8月に大平学校の試験に合格し、第四期生として一年間研修を受けている。Ｄ４氏は中国の大学の教授で、日本研究所所長、某学会の副会長などを歴任している。現在は定年退職して他大学で教鞭を執っている。

１９８０年代から１９９０年代にかけて多くの大平学校修了生は再度日本に渡り、その一部は日本で学位を取得してから中国に戻り、日本語教育の中堅になった。また、日本の大学に就職して研究を続けている人もいれば、ビジネスに転じた人もいる。

孫（2018:179）によると、２０１０年現在、連絡先が分かる大平学校修了生３２６名のうち２２５名は中国で働いている。その内２１６人が大学勤務、２人が中学・高校勤務、他の7名は政府機関や企業に在職している。日本在住の修了生は計97人で、大学勤務が28人、日本語学校などの勤務者が４人、その他（職業未詳を含む）が65人となる。

朝鮮族修了生のＤ５氏は大学入試回復後の１９７８年に中国の大学の日本語学科に入学し、卒業後地方の大学に配属され、日本語教師となった。大平学校では第五期生として学び、翌年一か月間の日本研修を体験し、それがきっかけで翌年再度来日した。大学院を修了するとビジネスに転じ、大手の会社の支社で責任者として活躍した。D５氏が大学で日本語学科を選んだのは、父親が教育関係者で日本語が話せたので、父親から教わりながら独学で日本語を習得することができたからだという。

大平学校で学んだ研修生全体では文革世代（当時は青年）が四分の三を占めているのに対して、朝鮮族の研修生の場合は反比例して、そのほとんどが「年配」（当時は壮年）の研修生であることが分かる。朝鮮族の研修生では文革世代はわずか四分の一強にすぎない。

大平学校の評価に関しては、中国における日本語教育の専門家を大勢養成しただけでなく、日本側からは「親日派」、中国の角度からは「知日派」を多数養成し、研修生が日本に対する理解を深め、その後の日中両国の架け橋になったということで意義が大きい。

6 おわりに

以上、改革開放後の朝鮮族の日本留学をめぐり、中国の留学政策、元留学生の日本語学習の背景、留学後の進路などについて考察した。

改革開放政策の実施とともに人材養成のために中国政府は西側諸国を中心に大量の留学生を派遣するようになり、日本はその主要な派遣国となった。初めの頃は短期の訪問学者・進修生が中心であった。その中に多くの朝鮮族が含まれていたが、その理由の一つは、朝鮮族知識人は留学の統一試験に必須である日本語の成績が非常に高かったことが挙げられる。元留学生へのインタビュー調査からは、朝鮮族の公費留学生には「満洲国」時代に「国語」として日本語を習得した知識人が多く含まれていたこと、またその世代の影響で日本語を習得した知識人が多数いたので、彼らは高度な日本語能力を有していたことが明らかになった。大平学校についても同じことが言える。まず朝鮮族の日本語教師の割合が高かったこと、東北地方の大学に集中していること、大平学校全体では文革世代が多いのに対して、特に第一、第二、第三期において、朝鮮族の場合は「年配組」(当時は壮年)の方が多く占めていることも、それを物語っている。初期の公費留学生は学業終了後、政府の方針によりほぼ全員帰国している。そして彼らは日本留学後、大学や研究機関の中枢部門に配属され、教育研究の中堅として活躍した。

1980年代後半になると留学政策の緩和により私費留学生が急増し、その波に乗って「私費公派」を含む多くの朝鮮族留学生が来日した。朝鮮族の中学・高校では1978年からすでに日本語教育が始まり、延辺ではほぼすべての中学・高校が外国語科目として日本語を導入していたが、それを支えたのが「満洲国」時代に日本語を習得した年配の知識人たちであった。この時期の高校卒業生は大学入試では日本語の試験を受け、大学では外国語科目として日本語を選択し、大学卒業時には日本留学を第一希望にした。日本では大学院に進学し、学業終了後は日本で就職し、定住するケースが多い。彼らは今日の在日朝鮮族社会を形成するパイオニアである。

限られた人数の元留学生へのインタビュー調査であったので全体像が浮き彫りになったとは言

いがたいが、少なくとも1980年代における朝鮮族の日本留学と日本語教育に関する輪郭は描かれたと考える。日本は歴史的に朝鮮族に与えた影響が大きい。それがどんな思惑であれ、またどんな形であれ、結果として改革開放後の朝鮮族の日本留学、日本語教育に大きな影響を与えたことは間違いない。朝鮮族は朝鮮半島或いは「満洲国」時代に日本が行った日本語教育を文化資源として活用したことになる。

最後にインタビュー調査にご協力くださった方々に、厚く感謝申し上げたい。

【注】

(1) 本稿は『研究紀要』第88号、2020年（日本大学経済学部）に掲載した論文「中国朝鮮族の日本留学と日本語教育——元留学生を事例に」を修正加筆したものである。
(2) 中華人民共和国の民族識別工作で定義される中国の少数民族の一つであり、それ以前のものは「朝鮮人」という表記を用いる。
(3) 1982年に行われた「第三次人口普査」（第三回人口センサス）によると、在中国朝鮮族は176万5200人で中国人口全体0・175％にすぎない。
(4) 中国では「満洲国」を歴史的な独立国として見なさない立場から、「偽満洲国」と表記する。
(5) 中国には国家公費派遣留学生と所属機関派遣公費留学生があるが、ここでは両者を含めて公費留学生とする。
(6) 専任講師以上のもので、日本では客員教授、客員研究員などの身分である。
(7) 大学卒業以上の学歴を有するもので、日本では聴講生、教員研修などの身分である。
(8) 留学資金は自分で調達するが、国家派遣の名目で留学すること。
(9) 2017年、筆者が「中国赴日本国留学生予備学校」を訪れ、当時の常務副校長のご協力で確認した。
(10) 中華人民共和国のこと。
(11) 現在の東北三省（黒竜江省、吉林省、遼寧省）と内蒙古東部を指す。

⑿ 現在の延辺周辺。
⒀ 広島市に本社を置く中国新聞社が発行している地方紙である。
⒁ 海外留学から中国に戻ってきた人たちを指す。「海归」の発音は「海龟」と同じ。
⒂ 1977年の入試では外国語の試験は必須科目ではなかった。
⒃ 1970年から大学入試が回復する1977年までの間に，推薦によって入学した大学生。
⒄ 反右派闘争（反体制狩り）で「右派」のレッテルを貼られ，農村部で「思想改造」の名目で強制労働をさせられた知識人のこと。

【参考文献】

（日本語）
石川啓二、1993、「中国大陸の文革後の留学生政策の推移」『アジア文化』第18号、12～23頁
王雪萍、2007、「改革・開放後の中国「国家公費派遣留学生」派遣政策の変遷」『中国研究月報』第61巻8号、19～32頁
王律、2001、「中国留学生送り出し政策の沿革と留学生ブームの推移」『中国研究月報』第55巻10号、29～41頁
韓秀蘭、2012、「中国延辺朝鮮族の中等教育における日本語教育の展望」『人文論叢』（三重大学）第29号、175～183頁
黄永熙、2017、「在中朝鮮人の植民地日本語に関する社会言語学的考察」横浜国立大学国語・日本語教育学会編『横浜国大国語研究』第35号、94～108頁
白土悟、2010、「中国の改革開放前期における公費派遣政策の展開について」『九州大学留学生センター紀要』第18号、1～44頁
孫暁英、2018、『「大平学校」と戦後日中教育文化交流』日本華僑出版社
段躍中、2003、『現代中国人の日本留学』明石書店
趙鳳彬、2003、『東北アジアを生きる――あるコリアン系中国人の「三国志」』創言社
花井みわ、2016、「満洲間島地域における日本の教育事業と地域文化変容」『満洲および朝鮮教育史』花書院

本田弘之、２０１０、『中国朝鮮族の日本語教育の研究』博士学位申請論文概要（早稲田大学大学院日本語教育研究科）

（朝鮮語）
禹哲熙他主編、２００４、『朝鮮族英才録』遼寧民族出版社

（中国語）
徐雄彬・王升远、２０１７、「伪满时期日本对中国东北朝鲜族的日语教育」『日语学习与研究』第３期
李涛編、２０００、『中華留学教育史録――１９４９年以降』高等教育出版社

第Ⅳ章

元日本留学生の朝鮮族の国際移動と子どもの教育(1)

——転校をめぐる教育戦略と葛藤

趙貴花

1 はじめに

近年、東アジア諸国ではグローバル化の進行と少子高齢化の急速な進展（若林 2006）に伴い、外国人の受け入れに関する規制が緩和されている。「単純労働者を受け入れない」を基本方針としていた日本政府も、最近になって国内における人手不足の対策として、外国人労働者受入拡大政策を進めている。そうした動きの中で、グローバルな高度人材の獲得をめぐる政府間の競争はより一層激しくなっている。

高度人材予備軍としての留学生の受け入れに対して、日本政府は１９８３年の「留学生10万人計画」に続き、２００８年に「留学生30万人計画」を打ち出すことで優秀な外国人留学生を積極的に受け入れようとする姿勢を示している。さらに、２０１７年4月から「日本版高度外国人材グリーンカード」を創設し、ポイント制により高度外国人材の永住許可申請に要する在留期間を5年から1年へと大幅に短縮した[2]。これは留学生の日本での就職や定着、そして一時的に日本を離れても再び戻ってくるための有利な環境を提供している。

中国では１９９２年に国家教育委員会により開放の拡大と留学の支持が表明され、同年8月以降から海外留学人員の旅券の延長や、再出国手続きの簡素化に関する規制緩和が行われた（孟 2018）。２００３年からは自費留学生に対する国家の助成金支援が本格的にスタートし、２００８年には「千人計画[3]」を打ち出すことで海外の優秀な研究者を好待遇で呼び寄せようとしている。また、2010年9月に中国の教育部は2020年までに留学生を延べ50万人にまで増やすことで、アジア最大の留学生受け入れ国となることを目標とする「留学中国計画」を発表した[4]。

こうしたグローバルな人材争奪戦を背景に、日本に留学に来た人びとは留学を終えた後にどこを生活基盤とし、その選択にはどんな理由があるのだろうか。彼らの移動は子どもたちにどのような影響を与えるのだろうか。本章では、日本での留学経験を有する中国朝鮮族に焦点をあて、彼らの日本・中国間の移動とそれに伴う子どもたちの転校に関する親の教育戦略と葛藤、そして子どもたちが直面する障壁の実態を明らかにする。

従来の移民研究では、移民を行う第一世代や、エスニシティと教育との関係が注目されていたが、近年ではその子どもたちである第二世代も注目されるようになった（山本 2012）。日本の移民研究においても1990年代以降、外国籍人口の急増に伴い、移民第二世代の教育問題が注目されてきている（是川 2018）。日本に生活基盤を置きながら国際移動を行う子どもたちの教育に関する研究では、日系ブラジル人の子どもに関する研究が示唆的である。山本（2012）は、日本からブラジルに帰国した子どもたちの事例を通じて、国家間の移動と教育に関するコンフリクトの問題を取り上げ、子どもたちにとって国境とは、地理的、行政的なものだけでなく、教育的なものとして存在すると指摘した。また、「日本語ができても日本で適応できず、ポルトガル語ができてもブラジルに適応できない子どもたち」が一定数見られるのは、国家間のカリキュラムの不一致や、他国の教科内容を評価できないという子どもにとっての外的要因が作用していると指摘し、その是正の必要性を主張した。この点は、本研究での日本・中国間を移動する子どもたちの、転校における教育の接続問題に注目する点と共通する部分があるが、本章では主に国家間の学制の違いや、言語をめぐる支援の不足による学習の移行の困難に注目する。

これまで日本における留学生の留学後の移動と彼らの子どもに関する研究は、ほとんど蓄積されてこなかった。そこで、本研究ではそれらの点に焦点を当てて分析・記述する。本章で指す「元日本留学生の朝鮮族」とは、留学や研修そして学術的な活動などを行うために来日し、日本に比較的に長期間の滞在の経験を有する朝鮮族を指す。特に本章では1990年代以降に来日した「元日本留学生の朝鮮族」を取り上げて論じる。なお、本章で用いる「教育戦略」とは、親が子どもの将来のために意識的に行う学校選択や言語教育および人格形成をめぐる教育活動を指す。

筆者は2017年8月から2018年8月の間に、東京、上海、名古屋、大阪などの都市においてフィールドワークを行った。主に一人ひとりの朝鮮族への聞き取り調査を行い、朝鮮族の家庭を訪問することで彼らの家庭環境や家庭での言語使用状況などを多角的に観察した。そして、本調査では20代から50代の（本書第Ⅱ章で提示された時期区分のうちの確立期と発展期に来日した）日本留学経験のある朝鮮族21人にインタビューを行った。さらに、朝鮮族の親（両方あるいは片方）とともに中国・日本間を移動した5人の子どもに対してインタビューを行った。本章ではその中で代表的な事例を引用しながら論述する。

2 家族の国際移動と子どもの転校

朝鮮族の日本への留学が始まってすでに30余年が経ち、朝鮮族の日本留学が継続的に行われる中、留学を終えた後に日本に定住する者もいれば、中国への帰国や韓国への移動、さらにほかの国へ移動する者もいる。そして、彼らの移動は一方向なものではなく、留学先と出身国の往復だけでもなく、流動的で多様性を呈している。

海外での留学を終えた後に帰国や第三国に移動する場合、家族連れは決して珍しい現象ではない。しかし、学齢期の子どもが同行する場合には教育をめぐる諸問題が関わるため移動がより複雑になる。子どもにとって、異なる言語や新しい学校生活への適応、そして新しい友人関係の構築などが必要になり、子育て環境や子どもの教育をめぐる諸要素は家族の国際移動において重要な決定要因の一つになる。

それでは、朝鮮族の日本留学後の家族移動はどのような特徴を呈しているのだろうか。彼らの移動の要因について以下の五つの事例を通じて検討する。

【事例1】李さん、40代、男性、上海在住。1997年に日本留学、2009年に帰国。

私が中国に帰ってきた理由の一つは、娘が日本ですでに小学校3年生になったからです。娘は中国で生まれ、日本で幼稚園や小学校に通ったので、中国語がほとんどできなかったです。

娘は日本の幼稚園に入る前に中国語がある程度話せたのですが、日本で幼稚園そして小学校に通ったら中国語をほとんど忘れてしまいました。それで、早く帰国しないと娘が中学生になったらもう帰国できなくなると思いました。中国の教育システムと日本は大きく違うし、言語の面からみても帰国が難しくなります。

（2017年8月27日、上海にてインタビュー）

李さんの上記のような発言に対して、筆者は子どもが小学校に入る前に帰国しなかった理由を尋ねたところ、李さんは以下のように答えた。

家族がもっと安心できる環境が整ってから帰国したかったからです。当時私の勤めていた会社は私を中国に派遣してくれなかったので、帰国するには会社を辞めるしかなかったです。まだ若くて一人なら、帰国して最初はアルバイトとかしてもかまわないですが、家族がいるとそんなに簡単に会社を辞めることができないです。仕事が安定していなければ、家族を連れて帰国しても子どもが学校に通えないかもしれないし、家族を苦労させるだけなので、もう少し帰国の準備ができてから帰りたかったです。

（2017年8月27日、上海にてインタビュー）

このように、李さんは帰国を決意する際に、仕事の安定と子どもの勉強になるべく影響を与えないことを前提に家族で一緒に移動することを考えていたことがうかがえる。そして、それらの要素が全部揃ったと考えて帰国できたのが、子どもが小学校3年生になる時であった。

以下では日本で留学を終えた後に中国に帰国した2人の事例を見てみよう。

【事例2】鄭さん、40代、男性、上海在住。2004年に日本留学、博士課程中退、2010年に上海の日系会社に就職することで家族とともに上海に移住した。

両親が中国にいるし、中国にもっとチャンスがあると思ったから、帰国することを決めました。そして、日本にいた時は「中国人」としての限界を感じたし、ストレスも多く、面白くなかったからです。

（2017年8月25日、上海にてインタビュー）

【事例3】徐さん、40代、女性、上海在住。2001年に日本留学、博士号を取得した後、2013年に帰国。

私は日本にいてもいいと思いますが、日本では常勤の仕事を探しにくいので、やはり安定した仕事に就いて、家族と一緒に暮らしたいからです。子どもが4歳頃になると、そろそろどの小学校に通わせるのかを考えなければならないし、夫は帰国したがっていたので、夫の両親や

兄弟が住んでいる上海に行くことを決意しました。

（2017年8月26日、上海にてインタビュー）

【事例2】の鄭さんは妻と子どもと一緒に日本に暮らしていたが、両親は中国にいるので帰ることを一つの選択肢として考えていた。そして、彼は中国の大学で学部と修士課程を修了し、日本に留学して博士課程に進学したが、実験室にこもる日々に窮屈さを感じていた。それで、大学を中退して日本の企業に就職したが、職場における精神的な苦痛を感じることで、中国への帰国を決意する。中国に帰って就職した日系企業では居心地の良さを感じ、現在の生活に満足している。鄭さんはさまざまな環境で自分なりに挑戦し、障壁も感じたが自分に合った場所を見つけたと言えよう。子どもはまだ就学年齢でないため、鄭さんから子どもの学校に関する悩みはあまり見られなかったが、子どもの教育に関しては勉強でよい成績を取るより「生きる力」を重視する考えが伺えた。

【事例3】では、日本で博士号を取得した徐さんが、日本と中国のどこで定住するかを考える際に、決定要因となったのは日本での仕事の不安定さ、子どもがすでに小学校に就学する年齢になっていること、夫が帰国を希望している、さらに上海に夫の両親が住んでいるなどの理由であった。これらの諸要素が、徐さんに日本での長年の生活を終えて帰国することを決意させたのである。

【事例1】と【事例3】とも、帰国する際に子どもの教育のことや家族が一緒に暮らせること、そして比較的に安定した生活環境を求めて移動の時期を考え、帰国を決めたことが分かる。両方とも家族の中で男性の仕事と子どもの状況を優先にして移動を決めることがうかがえる。特に、徐さんは日本での生活に慣れ、日本で研究職を探すことも考えていたが、夫の仕事や子育てにおいて、義理の両親の住んでいる上海を選ぶことで家族が暮らしやすい環境づくりに努めるなど、総合的に考えての判断や柔軟な対応が見られる。

一方、以下の二つの事例では女性が家庭の中で主導的な立場にあり、彼女たちの戦略や決断が家族のダイナミックな国際移動を促していることが見られる。以下の【事例4】と【事例5】は、日本に数年滞在した後、一旦家族で中国に帰国するが、数年後再び家族を連れて日本に戻る朝鮮族女性とその家族の事例である。

【事例4】姜さん、40代、女性、名古屋在住。１９９６年に日本留学、博士号取得。２００７年に中国に帰国、２０１２年に日本に戻る。

２００７年に帰国を決意した理由は、日本では不安定で勉強にも疲れたからです。２０１２年にまた日本に戻ってきたのは、中国での子育て（送り迎え、毎日のお弁当作りなど）や子どもの教育（頑張っても子どもの成績が普通だった）、夫の仕事、私の職場での人間関係の疲れなど、総合的に変えるいいタイミングだと思ったからです。日本にきたほうが、子どもたちがもっと楽になると思ったし、中国はちょっと環境的に汚かったことと、自分が大学で仕事していた時にやはり中国人より日本人と話が合うし、生活様式も日本がもっと合うと思ったからです。

（2018年4月3日、名古屋にてインタビュー）

姜さんは日本で日本語学校を経て、大学に進学し、さらに名門大学の大学院での勉強を終え、博士号を取得した。日本で約11年間を過ごし、長期にわたる留学生活による疲れで日本を離れ、家族とともに実家のある中国に帰った。しかし、中国での生活は姜さんが期待していたほどには居心地の良いものではなく、職場での人間関係や子育て、そして夫の仕事などさまざまな面において問題を感じたため、5年経った時についに夫と子どもたちと一緒に日本に戻ってきた。日本での10余年の生活が、すでに姜さんの考え方やライフスタイルまで「日本式」に変えてしまったのである。

【事例5】張さん、40代、女性、東京在住。1998年に日本留学、2011年から北京で5年間滞在し、2016年に日本に戻る。

2011年3月に東日本大震災があって、その時に放射能などの問題で子どもたちのことが心配でした。それで、中国に行って一時避難しようと思い、長男の学校のことも考えて、北京に行くことにしました。

（2018年3月11日、東京にてインタビュー）

張さん一家の中国への帰国は【事例4】の姜さんとは異なり、東日本大震災による一時帰国であった。「長男の学校のこと」というのは、長男が日本に戻る時に転校による影響がないように、日本人学校を探していたため、北京が適切な場所であることと判断したのである。張さんは北京に5年間滞在した後に予定通り子どもたちを連れて日本に戻ってきたことから、張さんが戦略性と実行力を持っていることがうかがえる。

以上、五つの事例を見てきたが、彼らの移動の理由としては、「もっと自分が活躍できる場所」、「もっとビジネス・チャンスがあるところ」、「家族と一緒に暮らせる場所」「もっと居心地のいい場所」、「ライフスタイルが合うところ」などが挙げられる。それぞれの事例での移動の理由は異なっていても、常に家族と一緒に暮らすことを考え、そのための国際移動を戦略的に行う点は共通である。

3 転校する子どもたちと親の教育戦略

国際移動を行う家族にとって、子どもの学校選択は重大事である。前節で言及したように、移動の時期を決める要因の一つに子どもが転校しやすい年齢を考えることが挙げられる。それでは、移動する朝鮮族の人びとは移動先において子どものためにどんな学校選択を行っているのだろうか。そして、彼らが直面する問題は何かを以下の事例から検討する。

(1)中国語ができない子どもたちの日本から中国への転校の事例

以下では日本から中国に帰国した二つの家庭の事例を取り上げる。二つの事例とも帰国が突然決まったことにより、移動先の言語を子どもが事前に習得することができなかった、という点において共通している。子どもはそれぞれ小学校と中学校の時に日本から中国の学校に転校するが、中国語がほとんどできないことからどのような問題に直面するかを、親の立場と子どもの立場から検討する。

まず、【事例1】ですでに取り上げた李さんの娘の事例である。李さんの娘は小学校3年生の時に両親とともに帰国し、上海で暮らすことになった。李さんは上海に着いてすぐに娘の転校先の学校を探すが、それは予想以上に厳しいものであった。

娘は日本で小学校3年生まで通って、その後中国に帰国しました。日本にいた時は、四ッ谷の塾にも通い、そこでは最初から「できる子」のクラスに通っていました。しかし、上海に来た時、入ろうとしていた学校から2学年下がって入学することを求められました。つまり、1年生から通うということです。日本は4月入学ですが、中国は9月入学なので。でも、娘は背も高いほうで同年齢の子どもたちと一緒だと半年後に4年生に上がるべきですが、2年下がって2年生から通うなんて、ありえないです。それで、私は区の教育委員会にも行って相談し、学校側とも何度も話し合った結果、半年後に子どもが学校の勉強についていけなかったら2学年下がって入ることを約束しました。当時受け入れてくれる学校を探すのが大変だったの

で、半年で勝負することにしました。その半年間に家庭教師を雇って中国語、英語などを教えてもらい、半年後にやっと学校についていけるようになりました。それで、４年生で入学することができました。しかし、４年生に上がったら、今度はまた中学進学の問題が迫ってきました。上海の小学校は５年生制です。上海ではたくさんの中学校があって、どの学校に入ったほうがいいのかを考えなければならないし、そのための試験の準備もしなければならないです。中国では学校選択の競争がとても激しいです。これは親にとっても、子どもにとっても非常にプレッシャーがあります。中学受験が終わった時、娘はストレスで頭が半分禿げてきました。

（２０１７年８月27日、上海にてインタビュー）

このように、李さんは上海で公立の小学校を探すことにおいて、帰国による転校の難しさと学校側の提示する受け入れがたい条件に直面することになる。娘は中国語がほとんどできないため、学校の授業についていけないと判断した学校側は学校の業績への影響など学校の都合を考えて、李さんに2学年下がって入学することを求める。しかし、「娘はほかの子に負けないぐらい勉強ができる」と確信していた李さんは、現地の教育委員会に訴えることや学校側と交渉し、娘が中国の同じ学年の勉強についていけることを証明するために半年間という期間で勝負することに合意する。李さんと娘の努力は報われ、半年後には李さんの望む通り、娘は上海の小学校4年生に進学し、転校することに成功する。しかし、続いて訪れる李さんの悩みは中学受験の準備であった。上海の学校と日本の学校の学制の違いにより、李さん親子は1年早く中学受験の準備に迫られていた。このような長期間の過度の精神的負荷により、娘は円形脱毛症になってしまった。ここでは、親の「子どもをより良い学校に入れたい」、「ほかの子どもに劣らない」という自負心と教育戦略が見られ、また同時に、そのような親の期待に応えようと必死に頑張る子どもの努力がみてとれる。そして、無理をすることで子どもの心身に過度の重荷がかかっていることも推察される。国際移動において子どもの教育を考える際に、移動先の言語の習得と学校に関する事前の情報収集などの重要性が見られる。

次に、4~5歳の時に家族と一緒に来日し、中学校2年生（13歳）の時に中国に帰国した陳さんの事例を見てみよう。日本に滞在していた時は首都圏に居住し、都内での引っ越しはあったが、公立学校に通っていた。父親は学者で日本の研究機関に招聘され、家族を連れて来日したが、その後中国の東北地方の大学に教員として就任することで、家族を連れて帰国することになった。父親が中国の名門大学で教鞭を執ることになり、大学から出された優遇条件の一つが、子女を大学附属中学校に通わせることができるというものであった。それが家族で帰国する決定的な要因になったという。

日本で中学2年の1学期まで通っていて、9月に帰国しました。中国は9月入学なので、私は9月にもう一回中学2年生の1学期に入ったのです。私の通った中国の中学校が4年制だったので、日本より中学校を1年半も長く通うことになりました。ただ、帰国当時の私は中国語が一言もできなかったので、中国で中学3年生として入ることはできなかったです。帰国して

最初の1年半は学校に通っても、授業の内容がほとんど聞き取れず、どういう意味か当てる毎日でした。市内には朝鮮族学校もあったのですが、朝鮮族学校に通うと中国語と朝鮮語の両方を学ばなければならないので、漢族学校に通うほうが言語の負担が少ないと思いました。父も朝鮮語があまりできなかったので、朝鮮族学校は考えていなかったかもしれません。

（2017年10月8日、東京にてインタビュー）

陳さんは中国と日本の学制の違いと中国語ができないことから、日本から中国の学校に転校した際に日本と比べて中学校で1年半を多く費やすことになった。しかし、陳さんの通っていた中学校は現地の名門中学校であり、競争率が高い学校である。父親の勤務先の大学の教員受け入れの優遇制度により、転校のための学校探しや手続きなどの苦労は少なかったといえるが、転校した後の勉強における努力は人並み以上のものであった。陳さんの努力は高校受験においても報われ、現地の名門高校に進学し、さらに大学入試でも名門大学に合格した。父親は普段陳さんの勉学においては口を出すことがないが、転校する際に娘のために名門中学校に通わせたいということは真剣に考えていたことがうかがえる。とはいえ、数々の難関を越えてきた陳さんにとっても、日本から中国への帰国と転校が及ぼすマイナスの影響を避けることはできなかった。この点に関しては4節で詳述する。

(2) 中国の公立進学校から日本の公立学校に転校した子どもの事例

移動する学齢期の子どもたちにとって、比較的に転校しやすいのは、主に居住地によって通学先が決まっている公立学校である。以下では、事例4の姜さんの長男（以下、この長男をAさんと表記する）の事例を通じて中国の公立進学校から日本の一般の公立学校に転校した際の問題点について考察する。

現在中学校3年生のAさんは、日本で生まれ、5歳の時に家族と一緒に中国に帰国したが、5年後の2012年に日本に戻ってきた。母親が日本の大学の博士課程の勉強で忙しかったため、Aさんは5歳になるまで、毎年中国の母方の祖父母の家に行っていた。1回に1ヶ月から3ヶ月ぐらい滞在し、祖父母の家の近くの幼稚園にも通ったことがある。父親は漢族で、家ではほとんど中国語を使っていた。母方の祖母は朝鮮語をよく使っていたため、Aさんは朝鮮語も少し聞き取れる。Aさんは中国で小学校1年生から4年生まで通い、日本に帰ってきたのは8月だったため、日本の学校には4年生の2学期のクラスに編入された。通ったのは家の近くの公立小学校であり、最初は日本語がほとんどできなかった。クラスメートたちとは簡単な英語でコミュニケーションをとり、担任の先生はAさんに何かを知らせる際にはいつも紙に絵を描いて説明してくれた。Aさんの母親の話では、Aさんが中国の学校に通っていた時は、ほとんどの科目の成績が90点以上だったが、クラスの生徒がみんな優秀だったため、成績順位はいつも下のほうだった。学校の先生の教え方も上手で分かりやすかったという。日本の学校に転校した時は、日本語力が足りないこともあるが、先生の説明が理解しにくかったという。

しかし、高校受験のために塾に通った時に塾の先生の教え方は分かりやすかったという。ほかに、中国で通っていた学校では宿題の量が多く、夜10時までやっても終わらないため、やる気がなくなることがあったのに対し、日本の公立学校の宿題は10分程度で書き終わるという。中国の学校に通った経験から、Aさんは「勉強の辛さを知った」。しかし、Aさんが日本に来て経験したのは中国での「勉強の辛さ」ほどではないが、「国語」の成績が上がらないということによる挫折感ともどかしさであった。

Aさんの母親である姜さんに朝鮮族学校を一つの選択肢として考えていなかったのかを聞いたところ、以下のような発言があった。

朝鮮族学校のことも考えたことがあります。日本に戻ってきてからちょっと後悔しました。当時はいつ日本に戻ってくるか決めていなかったし、こんなに早く戻るとは思いませんでした。最初から中国に滞在するのは4年間であると考えていたら、きっと朝鮮族学校に通わせたと思います。なぜなら、もう一つの言語（朝鮮語）が学べるからです。当時漢族学校に通わせたのは、中国に長くいることを考えて、息子が漢族学校に通うほうが漢族の友だちもたくさんできるから、将来社会的にもっと活躍できると思ったからです。

（2018年4月3日、名古屋にてインタビュー）

Aさんの母親である姜さんは、息子のために家では中国語を話し、息子と祖父母とを定期的に会わせることで朝鮮語に触れる機会を意識的に与えようとしていた。そして、学校以外には塾で英語も学ばせるなど積極的に言語教育戦略を行った。また、息子が小学校に入学する前までに帰国しておき、息子が将来もっと社会的に活躍できるように漢族との人的ネットワークを広げるために現地の公立進学校に通わせた。しかし、予想より早かった日本への移動は、Aさんの母親である姜さんに「短期だったら、朝鮮族学校に通わせることでもう一つの言語を学ばせることができたのに」といった後悔の念を抱かせた。特に朝鮮族のように、複数の言語を駆使し、中国の東北地方に居住する場合には一般の漢族学校以外にも朝鮮族学校という選択肢があるため、親が学校選択に迷うことが推察される。

一方で、息子であるAさんにとっては、中国の進学校に通っていた時には語学の問題は特にならなかったが、学校の宿題の量の多さや競争の激しさによるプレッシャーや疲労感を感じていた。そして、日本の学校に転校した際には主に全科目に影響が及ぶ「国語力の足りなさ」が大きな問題となった。

このように、親にとって、国際移動を行う際の子どもの教育戦略を立てることにおいて、長期と短期によって学校選択と言語教育において大きな違いがあるが、それは子どもたちが求めているものと必ずしも一致するとは限らない。

(3) 北京の日本人学校から東京の私立中学校に進学した子どもの事例

中国国家統計局の2010年に実施した国勢調査によれば、中国国内に居住している日本人の人口は約6万6159人である[5]。北京の日本人学校は、主に海外勤務の日本国籍の児童・生徒に対して、彼らの「帰国後の教育との格差が発生しないよう質の高い教育を提供する」ことを学校経営の基本理念としている[6]。2017年5月17日現在、北京日本人学校の生徒数は小学部の284人と中学部の89人を合わせると約373人になる。同校は、学校運営理事会が運営する私立学校であり、文部科学大臣より在外教育施設の認定を受け、さらに中国外交部の承認を得て北京市教育局に登録された学校である[7]。

近年日本在住の朝鮮族の日本での長期滞在とともに、仕事や住居探し、そしてさらなる海外への移動などを理由に日本に帰化し、日本国籍を有している者も少なくない。そうした日本国籍を有する朝鮮族の子女も海外における日本人学校に子どもを入学させる場合がある。北京の日本人学校は、中国に暮らす利点を生かし、特に近年国際理解教育として、現地の一般の学校や他の外国人学校（仏・独・韓国など）との文化及びスポーツ交流を実施している。また、北京における名所旧跡を訪れることもあり、生徒たちに現地理解を深めさせている。

北京日本人学校は、生徒たちの多言語教育にも力を入れ、生徒たちの日本語での授業はもちろん、英語と中国語の授業を積極的にカリキュラムに取り入れている。中国語は小学校1年生から中学校3年生まで週1時間の授業が行われている。英語は「英会話」形式で、小学校1年生から4年生まで、そして中学校1年生から3年生まで週に2時間の授業が設けられている。

以下は、【事例5】で取り上げた張さんの長男（以下、Bさんと表記する）の事例である。

張さんの長男であるBさんは、2004年に日本で生まれ、5歳の時に家族と北京に移住し、現地の日本人学校に入学して小学校4年生まで通い、10歳で小学校6年生の時に日本に戻り、自宅近くの公立小学校に転校した。中学受験を経て私立中高一貫校に進学し、現在中学1年生である。北京にいた時は日本人学校に通っていた。北京にいた時は日本だけでなく、イタリアや韓国などさまざまな国から来た友だちができたという。そして日本で生まれ育ったBさんは中国で暮らすことで中国に対するイメージがよくなったという。さらに多様な経験ができたことに満足していた。

中国にいた時は、本格的にサッカーができたからよかった。イタリアの元選手（ナポリチーム）から2年間教えてもらって、すごく成長した。中田英寿のちいさい時のコーチもいた。（中略）学校ではいろんな有名人が呼ばれて、いろんな話が聞けた。感心した。サッカー選手、宇宙飛行士も相撲の選手もいた。友達もいっぱいできたし、（日本人との）交流もたくさんあった。視野が広まった。サッカーは英語で教えていたので、英語も学べた。

（2018年3月10日、Bさん、東京にてインタビュー）

一方、日本に戻り、中学受験をして進学した学校での勉強については、次のように語った。

今の学校の勉強はたいへん。学期ごとに中間テストと期末テストがあって、1学年が終わる時には学年末テストもある。テストが終わると、成績順が公開されるからプレッシャーがある。でも、英語と歴史の授業は好き。

（2018年3月10日、Bさん、東京にてインタビュー）

前述の姜さんと異なり、張さんの場合には中国に転居した当初から日本に帰ることを考え、子どもを日本に戻った際に日本の学校に早く慣れるように、北京の日本人学校に通わせた。日本人学校での経験はBさん（張さんの息子）に日本の公立学校と共通のカリキュラムを受けさせただけでなく、日本人の友だちも作り、さらに多様な国の友だちもできた。また、中国語や英語、そしてサッカーも専門家から教わる機会を与えられた。こうした教育を受けることで、Bさんは日本に帰ってきた時に日本の生活に慣れることが早かったし、中学受験で希望していた私立学校にもスムーズに進学することができた。しかし、Bさんが日本に帰ってきてから感じたのは、勉強の大変さと、中学校で成績順位が公開されることによるプレッシャーであった。こうした成績順位の公開は日本の小学校では少ないことであっても、中国の学校では一般的に行われることである。Bさんは中国で日本人学校に通い、「日本式」の教育を受けたため、「中国式」の教育を経験することはできなかった。このように、国際移動を行う子どもたちにとって、多国間の教育の接続には常に障壁が付きまとい、親の教育戦略も困難さを伴うことが分かる。

4 親の言語教育戦略と葛藤

(1) 英語を重視する朝鮮族の親たち

グローバル化の進展による人やモノ、カネ、情報などの国境を越える移動が増加する中で、言語の重要性もますます高まっている。近年、中国経済の急速な成長によって中国語の需要は世界的に高まり、大学入試の選択科目に中国語を導入する国もあれば、小中学校に中国語のカリキュラムを設けることで中国語を話せる人材を育成する国も少なくない[8]。一方、英語は世界で広範囲で使用され、多様な領域において共通言語として用いられることから、学校教育における英語の重要性も高まるばかりである。

日本では2011年から小学校での英語教育が実施されている。それは正式な英語教科としての扱いではなく、外国語活動という名目での実施となっている（上西 2013）。地域によって小学校4年生から始まる学校もあるが、一般的には小学校5年生から始まり、週1回の英語の授業が設けられている。授業内容は主に会話中心であり、日常生活でよく使う挨拶や簡単なフレーズを学んだり、ゲームや歌を覚えたりすることが一般的である。

一方、中国では2001年の「全日制義務教育英語課程標準」の実施によって、英語教育は小学校3年生から正式にカリキュラムに組み込まれ必修化されることになった（新保 2011）。しかし、地域差と学校の差があり、上海、北京などの大都市においては公立学校においても小学校1年生から英語授業が始まる。学習時間数も地域や学校によって異なり、筆者が聞き取り調査を行った上海の徐匯区のある公立学校に通う生徒の場合には、学校での英語の授業は1年生から毎日あり、1回の授業が35分である。同校では基本的に中国人の教師が英語の授業を担当するが、そのほかに週に1回「異文化教育」の一環としてネイティブの英語講師による授業が行われている。

このような時代的な流れの中で、移動する朝鮮族の中でも留学経験のある朝鮮族は英語の習得をますます重要視している。朝鮮族はかつて中国東北地方の朝鮮族学校に通い、小学校から中国語と朝鮮語を学び、中学校そして高校においては外国語として英語あるいは日本語を学ぶという三言語教育を受けていた。そうした言語教育によって、三言語に通じる朝鮮族は東アジアの最前線で活躍することができた。朝鮮族の移動先が広がるとともに、彼らの言語への認識も変化し、彼ら自身が英語を学ぶだけでなく、子どもにも早い段階から英語を習得させようとしている。

長男に「勉強して」というと、彼はまず英語の勉強をします。彼は英語に自信があって、面白いと言っています。テストでも100点を取れるし、基礎もしっかりしています。苦にならないから、もっとやる気が出るみたいです。彼は英語が一番好きだと言っています。

（2018年3月11日、張さん、東京にてインタビュー）

張さん（Bさんの母親）の話によれば、Bさんの英語は中国にいた時にサッカーの先生や英語のネイティブの先生から教わることで基礎を築き、日本に戻ってきてから塾で学び続けることで、英語への興味が高まり、自ら進んで英検3級も取ったという。

以下に紹介するように、Aさん（姜さんの長男）にとっても、英語は最も好きな科目であり、一つの得意な科目になっている。さらに、家庭教師として弟に英語を教えている。

長男が中国の学校に通っていた時、小学校1年生から英語の授業がありました。でも、学校で教える内容は簡単だから、私は息子をある台湾の人が設立した英語の塾に通わせたんです。小学校1年生の後期から通わせて、週に2回で約3～4時間ぐらいでしたね。外国人のネイティブの先生からも教えてもらいました。遊びながら学ぶ感じでしたが、塾で英語の文章を暗記しないといけなかったので、その時に英語の基礎をしっかり築いたと思います。

（2018年4月3日、姜さん、名古屋にてインタビュー）

Aさんや Bさんとは異なり、インターネットの英語教室を通じて英語を学ぶ子どももいる。

英語は学校でも学ぶけど、息子はインターネットの学校でも受講しています。塾は私が送迎できないから、インターネットのほうが便利ですね。週に3回で、中国人の先生と英語のネイティブの先生の両方から教えてもらっています。先生たちが責任を持って宿題も毎日ちゃんとチェックしてくれるし、間違えたところはちゃんと指摘してくれます。書き直したら、プレゼントもくれるので、息子は楽しく学んでいます。

（2017年8月26日、徐さん、上海にてインタビュー）

徐さん自身は日本で博士号を取得し、上海の大学で日本語を教えている。彼女は語学の習得の重要性と教え方をよく知っている。そのため、息子の言語教育として家では朝鮮語と中国語を使い、壁には日本語の平仮名表を貼ることで息子が日本語を忘れないようにしている。複数の言語の中で、唯一学校外教育を通じて受講させているのは英語である。徐さん自身は英語が得意ではなく、息子に教えることができないが、インターネットを通じて息子に学ばせると同時に、自分も一緒に学んでいる。こうした親の勉強の熱心さは子どもの学習意欲を高めている。高学歴で留学経験のある朝鮮族の親たちはグローバル意識が高く、子どもたちが将来社会で広く活躍できるように言語教育戦略を行っていることが分かる。

(2) 移動する子どもたちと「言語の壁」

これまで朝鮮族の人びとが国際移動を行う中で、子どもの学校選択や言語教育において戦略的であることをみてきた。以下では、国際移動を行う子どもたちの転校による「言語の壁」について見てみよう。

本章で取り上げている移動する子どもたちの全員から移動先の「国語」あるいは「語文」科目が「一番難しい」という声があげられた。彼らの言う「国語力」は、単に日常会話ができる程度の日本語や中国語ではなく、より高度な言語駆使能力であった。

上海に帰ってきたばかりの時は、家庭教師を雇って子どもの中国語だけでなく、英語も補習

しなければならなかったです。上海では1年生から毎日英語の授業があるからです。帰国がもっと遅くなったら、もうついていけないと思います。帰ってきたばかりの時は、学校で中国の古文も学ぶし、唐詩も覚えなければならないので、大変でした。家庭教師から英語と中国語を教えてもらい、小学生なのに毎日11時あるいは12時まで勉強していました。

（２０１７年８月27日、李さん、上海にてインタビュー）

やはり中国語ですね。息子が学校で主に学んでいるのは「語文」、算数と英語です。「語文」がよくないと、ほかの科目の内容の理解にも影響を与えるので、「語文」が一番重要です。塾に通わせたこともありますが、息子は自信がなくて嫌がっていました。それで、塾に行くのを止めて、主に本をたくさん買って息子に読ませています。息子とは中国語で話すことが多く、本を読ませて感想を言わせたりしています。

（２０１７年８月26日、徐さん、上海にてインタビュー）

本を読むのが好きなようだけど、なぜか国語の成績はぜんぜん上がらないですね。

（２０１８年３月11日、張さん、東京にてインタビュー）

一番難しいのは「国語」です。「国語」以外は特に難しいことはありません。多くの授業は「国語」ができるとほとんどできます。転校してきたばかりの時は、学校では毎日外国人生徒向け

の日本語の授業がありました。学校の授業の内容とあまり関係なく、普段の生活で使う日本語を教えてもらいました。5年生の時は週に3回あって、6年生の時は週に1回受けていました。なのに、理科と社会の授業はぜんぜん聞き取れなかったです。今も「国語」の勉強が一番大変です。

（2018年4月3日、姜さんの長男、名古屋にてインタビュー）

李さんの子どもも、徐さんの子どもも、帰国当時、中国語がほとんどできなかった。徐さんの息子の場合は、帰国してから幼稚園である程度中国語を学んで小学校に入学したため、小学校に入学する際には中国語での一定の意思疎通は可能であった。筆者が2017年に聞き取り調査で上海を訪れた際に徐さんの息子に会うことができ、当時彼の中国語は流暢であった。けれども、李さんは、学校教育における国語の授業では単に日常会話のレベルであるため不十分であるという。中国では小学校の段階から古詩や古文などを学び、宿題も多いため、より高度な中国語の理解度や駆使能力が求められる。中国では幼稚園の段階から子どもたちに古詩や短い古文を暗記させることが一般的であり、一部の小学校の進学校に通う子どもたちは、学校外教育を利用して学校より1年間早く教科書の内容を習得する場合がある。したがって、中国語ができない状態で就学する場合や途中で転校する場合、語学力の差により学校の勉強に追いつけないこともありえる。こうした中国における競争の激しさと求められる語学力の高さから、中国出身の親の間では一般的に「帰国するなら子どもが小学校に入る前に」という共通の認識がある。

またAさん（姜さんの長男）とBさん（張さんの長男）は、中国から日本への転校を経験している。Bさんの場合には、北京において日本人学校に通うことで「国語」科目の教育においては日本の公立学校とほぼ共通する教育を受けたと言えよう。しかし、母親である張さんからみれば、息子の国語の科目の成績はよくなく、上げることも難しいという。Aさん（姜さんの長男）の場合には小学校4年生まで中国の学校に通い、その後日本に戻ってきた時は日本語を一言もできなかった。したがって、「国語」科目に難しさを感じ、日本語の語学力の足りなさから全科目の内容の理解と成績に影響が及んでいる。

日本の公立小学校の国語教科書の内容を見ると、3年生から難度が高まることが確認できる。東京都内のある公立小学校の2016年度の3年生の教科書では、俳句や短歌を学び、ことわざについて調べる内容がある。4年生になると、短歌をより深く学ぶと同時に故事成語や熟語を学び、物語を書いたり、自ら調べた資料や情報をもとに発表を行うなど表現力を鍛える内容が増えていく。さらに、5～6年生になると漢文や日本の古典を学ぶことになる。したがって、外国から高学年に転校してくる場合、言語はもちろん授業内容も理解しにくく、考えを表現することにおいては難度がさらに高まる。

日本の義務教育段階の学校では、外国人生徒向けの「日本語教育」が設けられている。しかし、それは外国人の生徒に対する語学支援が初期段階の日本語の読み書きや簡単な日常会話能力にとどまるものに過ぎず、外国人生徒の母語を媒介言語として教えるものではない。外国人生徒の家庭の経済資本および文化資本の個人差はあるが、特に外国から転校してきた生徒の学校の授業内容の理解や友だち作り、教育目標の達成は、学校で使用される主要言語の駆使能力により大きく制限される。子どもたちおよび親の自己責任による教育の接続において、国際移動により日本に転校する子どもたちは学校の主要な言語を習得していない場合、最初から不利な状況に置かれ、学校の教育システムから言語的に「排除」されていると言えよう。

(3) 転校が子どもに与える影響

国際移動による転校は、学習の移行がスムーズに行なわれている場合には子どもに勉学以外にも多様で豊かな経験をさせることができる。本章で取り上げた張さんの場合は、最初から中国で5年間滞在することを決め、子どもが日本に戻ってきた時の学校生活を考えて不利のない学校選択や学校外教育を利用した。また、英語でサッカーを習うなど、子どもに多様な経験をさせた。しかし、学習の移行がスムーズに行われない場合には、子どもがマイナスの影響を受けることは免れない。特に、言語に障壁を感じる場合には希望する教育達成において多くの時間と精神的な負荷がかかる。それは、本人が子どもの頃には自覚していなかった場合でも、大人になった後に転校がもたらしたマイナスの影響を強く意識するようになることがある。

以下では、前出の陳さんの事例を見ることで、日本から中国への移動による転校が彼女のこれまでの人生においてどのような影響を与えているのかを検討する。現在20代の陳さんは、1年前に留学で日本に来ている。すでに言及したように、彼女は4～5歳の時に父親が日本の大学に招聘されると一緒に来日し、中学2年生まで日本の学校に通い、その後父親が中国の大学で教鞭を執るのに合わせて中国に帰国した。その後、父親の勤め先の名門大学の附属中学校に入り、中国語がほとんどできない状態から1年半の努力を経て、学校の授業に追いつき、さらに名門高校に進学した。大学受験でも優秀な成績で市内の名門大学に入ったが、彼女が選んだ専攻は自分の興味のある分野ではなかった。大学在学中に、交換留学で韓国の大学に行った経験があり、大学を卒業した後は再び韓国に行って語学の勉強と仕事をし、さらに英語圏に約1年間滞在して、勉強をし、仕事をした。その後、日本への留学を決意し、書類審査を経て希望の日本の大学の修士課程に入ることができた。陳さんはなぜ中国、韓国、英語圏の国へと移動しながら、再び留学で日本に戻ってきたのだろうか。

実は（中国に転校したことで）犠牲になった部分も多いです。私は「語文」（中国の国語の授業）の基礎が非常に足りなくて、高校3年生まで大変苦労しました。本当は文系が好きですが、「語文」や歴史、地理などの科目の基礎が弱いので、しかたなく理系を選びました。理系はそれほど暗記するものが多くないからです。中学と高校の時は私が一番必死に勉強を頑張った6年間でした。（中略）今は日本に留学に来て、やっと私の好きな文系の勉強ができると思います。

（2017年10月8日、陳さん、東京にてインタビュー）

このように、陳さんは中学校2年生の時に中国語がほとんどできない状態で日本から中国の学校に転校し、1年半の努力を経て学校の授業に追いつくことができた。その後、さらに現地の名門高校に進学し、名門大学の入試でも合格するなど「言語の壁」が大きかったにもかかわらず、高い教育目標を達成できたと言えよう。彼女は高校を卒業するまでほとんどテレビを観る時間もなく、毎日勉強漬けの生活を送っていた。その時は中国語の勉強で必死だったという。

しかし、彼女にとっての転校のマイナスの影響は大学受験の時に顕著に現れてきた。それは、彼女が大学受験において中国語力の「足りなさ」により、好きな専攻分野を選択できなかったことである。卒業後も専攻を活かすことなく、韓国と英語圏での語学の勉学や仕事をし、その後にやっと自分がやりたいことと自分にとっての居心地いい場所を見つけることができた。それが中学校2年生の時まで過ごしていた日本であり、日本語によるさらなる勉強であった。幼少期からの国際移動と異なる教育システム間の移動を経験した陳さんは、多くの苦労をする一方、異なる言語、文化や教育、社会環境の中での適応力が鍛えられ、自立心を培い、自分に対する認識も深めることができた。しかし、周りのサポートがほとんどない状況では、彼女自身の個人的な努力によって転校による影響を克服しなくてはならず、自分のやりたいことを見つけるまで長い年月がかかってしまった。

ほかにも、日本での留学を終えて中国に帰る朝鮮族の帰国時期をめぐる葛藤が見られた。すでに触れたように、【事例3】の徐さんは2001年に日本に留学し、2013年に博士号を取得することで帰国した。帰国は夫が希望していることもあるが、子どもが就学年齢になることも考えて、家族で安定的な生活が送られるように上海の大学に就職した。徐さんは自分が博士論文の執筆に専念することで子どもを自分より1年早く帰国させたことを後悔している。子どもを1年早く帰国させた時に、大連の実母のところで半年間面倒をみてもらい、その後の半年間は上海の義理の父母に預けていた。実母は日本に数回来たことがあり、孫とも一定の信頼関係が築かれていたが、それでも、子どもは、大連という初めて訪れる場所で言語が通じないことや気持ちを十分伝えられないことによる大きな不安とストレスを感じたはずだと、徐さんは悔しげに語った。また義理の父母の家にいた時は、子どもが祖父母から好きな食べ物や遊ぶ物はよく与えられるが、勉強を教えてもらったり、一緒に遊ぶことは少なかったため、息子の生活習慣の乱れや孤独を感じさせたことに責任を感じるという。徐さんは親とは異なる子育て観を持ち、自分のやりかたで子どもを育て、教育しようという考えが強い。徐さんは息子には心身ともにケアが必要だと考え、普段息子の言動をよく観察し、息子を傷つけないように生活や勉強の指導をしている。中国に帰国したばかりの時は息子が学校で良い成績を取れるように複数の塾に通わせたが、息子が日本にいた時と比べて自信がないことや挫折感を感じていることに気づき、塾をやめてインターネットの教室を通じて勉強させたり、自ら指導している。

このように、国際移動による転校は、子どもたちに少なからず影響を与えていることが分かる。本研究で事例としてとりあげた、移動する朝鮮族の子どもたちの転校における交友関係は、比較的に良好であることが見られた。その背後に、親、特に母親の積極的な「ママ友作り」などによるさまざまなサポートがあったことも見過ごせない。本章での日本・中国間を移動する子どもとその親に共通する最大の悩みないし関心事は、移動先の生活と学校の学習へのスムーズな移行を可能にする言語力であった。彼らが考えている言語力は高度なものであり、高い教育目標の達成や円滑な交友関係など学習と生活全般に影響するものである。

5 むすびに代えて

本章では、日本・中国間を移動する元日本留学生の朝鮮族に焦点をあて、彼らの家族移動と子どもの転校をめぐる教育戦略と葛藤、そして子どもたちの転校における障壁について考察した。

本章で取り上げた朝鮮族は中国の高等教育機関で教育を受け、さらに日本で学位を取得した後に日本・中国間を移動する場合が多く、子どもを連れての家族単位の移動が一つの特徴として見られた。彼らは向上心が高く、時代の変化に敏感であり、子どもの教育において高い教育目標の達成を望み、そのための教育戦略を行っていることが観察された。彼らは中国語・朝鮮語・日本語・英語といった複数の言語能力があり、時代的・社会的情勢や家族の状況を考えて移動先を選択している。彼らに見られるのは、出稼ぎの家庭でよく見られる親子の長年の離れ離れの生活ではなく、自ら子育てを行い、子どもの成長段階において積極的に関わろうとする親の姿と、その親の期待に応えようと懸命に努力する子どもの姿勢であった。

しかし、親の戦略と子どもの実情との間には、大きな齟齬が生じることが見られた。社会変化が激しい今日において、国際移動による転校は子どもに豊かな経験をさせる一方、数年にわたるマイナスの影響も与えることが、本研究で明らかになった。子ども自身は転校によって、親の期待に応じ、自らのスムーズな学習の移行を目指して懸命に努力するが、言語の「壁」などによる挫折感や絶望感を感じることもある。

家族の移動の決定には、親の仕事の状況や子どもの就学年齢や学習状況および家族・親族の事情などさまざまな要因が含まれているため、移動する際に子どもの就学や転校のための準備が十分整うとは限らない。本章で取り上げた李さんの娘や陳さんのように、日本から中国への突然の帰国は中国語がほとんどできない彼女たちに大きな戸惑いと障壁を与えた。また、徐さんのように、学位取得のために、息子を自分より早く帰国させることで、息子に与えた負の影響について強く自責する場合もある。これらの事例から、国際移動によるさまざまなリスクは個々人が背負うことが多く、移動先の教育機関や政府機関による制度的な支援は十分とは言えない。

政府間の高度専門人材争奪戦の激化により、高度専門人材の移動の選択肢が増加する中、そうした人材と彼らの子どもを単に一方向に移動する者ではなく、出身国と移動先との往復はもちろん、さらに複数の国家間を移動する人材として捉える視点が必要になる。元日本留学生の朝鮮族の人びとは、長年の日本語学習と日本での滞在経験を持つことから、日本を一つの生活圏として考え、一時的に離れても再び戻ってくる場所の一つとしても考えている。本章での姜さんのように、帰国しても数年後に再び子どもを連れて日本に戻ってくる場合があることから、彼らの子どもたちが日本に戻ってきた時に教育の接続をよりスムーズにするためには、多言語対策や、学校の学習内容と直接繋がる日本語指導が必要不可欠である。親にとってもより早い段階での移動の決意や教育に関する情報収集および子どもへの言語指導が必要になる。

日本政府が外国人労働者の受入を拡大する制度を促進させるならば、外国人材を単なる労働力ではなく、日本で暮らす「生活者」でもある彼らの、その生活を支援することが必要であり、日本政府と関係する民間団体には、外国人の家族の受け入れや彼らの子どもの教育をめぐるより具体的な支援策が問われている。高度人材の送出国も同様に、帰国子女や外国人材の子女に対する教育支援において、国による学制の違いや言語および学習内容を含む教育システム全般を考えての支援策の実施が、海外からの人材の流入をより促進することになるだろう。

【注】

(1) 本章は『東アジア教育研究』第7号に掲載された論稿を同誌の許可を得て、一部加筆修正したものである。
(2) 法務部入国管理局「高度人材ポイント制による出入国管理上の優遇制度」(http://www.immi-moj. go. jp/newimmiact_3/system/index.html)
(3) SciencePortal China「千人計画」(https://www.spc.jst.go.jp/policy/talent_policy/callingback/callingback_05.html)
(4) レコードチャイナ「中国で「留学生50万人計画」、２０２０年までにアジア最大の受け入れ国へ―中国メディア」(２０１０年10月2日記事)(https://www.recordchina.co.jp/b45839-s0-c30-d0000.html)
(5) 日本経済新聞「中国在住の外国人、韓国人が最多　日本人は3位」(２０１１年４月29日記事)
(6) 北京日本人学校ホームページ(http://jsb.official.jp/archives/264)
(7) 同前
(8) 人民網日本語版「世界各国が大学入試に中国語を選択科目に導入(2)」(２０１８年3月21日記事)(http://j.people.com.cn/n3/2018/0321/c206603-9439810-2.html)

【参考文献】

上西幸治、２０１３、「小学校英語テキスト再検討――中国とタイの英語教科書に学んで」『広島外国語教育研究』第16号、１０３~１２３頁新保敦子、2011、「現代中国における英語教育と教育格差――少数民族地域における小学校英語の必須化をめぐって」『早稲田大学大学院教育学研究科紀要』第21号、39～54頁
趙貴花、2012、「高学歴朝鮮族の移動――先を見つめる子育てとハイブリッド・アイデンティティ」『アジア太平洋研究』第37号、47～63頁
筒井千絵、2017、「外国人生徒が国語の読解でつまずく要因――文法的側面から」『フェリス女学院大学文学部紀要』第52巻、19～32頁
鄭亨奎、2015、「新中国の草創期における日本留学と予備教育」『朝鮮族研究学会誌』第5号、1～14頁
花井みわ、2015、「中国朝鮮族の日本留学の歴史的背景」『朝鮮族研究学会誌』第5号、15～22頁
孟健軍、2018、「中国の改革開放と留学政策」『RIETI Discussion Paper Series 18-J-016』、1～42頁（https://www.rieti.go.jp/jp/publications/dp/18j016.pdf）
山本晃輔、2012、「国家間の移動と教育に関わるコンフリクト――ブラジルに帰国した子どもたちを事例に」『大阪大学教育学年報』第17号、73～88頁
若林敬子、2006、「近年にみる東アジアの少子高齢化」『アジア研究』第52巻2号、95～112頁

第Ⅴ章
日本の留学生受け入れ政策
——中国朝鮮族の事例から

宮島美花

1 はじめに

朝鮮族が日本に移動する場合、留学生として来日する者が多いのだが、そもそも朝鮮族の日本への移動は、1980年代初めに中国人の国費留学生として朝鮮族が来日したことから始まった。鄭によると、日本語既学者の多い朝鮮族は日本への留学生として選抜されるにあたって有利であったため、新中国から日本への留学が始まった草創期（1979年〜）において、中国人留学生のうち朝鮮族の数は相当に多かった（本書所収第Ⅲ章を参照）。『(共産党全国代表、全人代代表、全国政治協商会議委員）朝鮮族英才録』（2004）にも、1980年に日本に留学した幾人かの朝鮮族について記載があり、この時期の朝鮮族留学生は特定のエリート層であったことがわかる（鄭 2015:11）。権の整理によると、それが、日本による「留学生10万人計画」の実施、日本語学校に通う就学生に対する入国手続きの簡素化（1984年）を経て、特に1996年に来日のハードルの一つであった日本の身元保証人制度が廃止されると、先に来日している親戚・友人・知人のつてといったエスニック・ネットワークが活用されて、加速化し大規模化した（権 2013:214）。

本章では、留学生として来日する朝鮮族が大規模化した時期（本書所収第Ⅱ章が整理するところの確立期および発展期）に焦点を当て、朝鮮族の来日と定住の背景としての日本の留学生受け入れ政策を整理し、それが日本国内の労働力不足と連動し、単なる留学生政策にとどまらない、労働力不足を補填する包括的な外国人受け入れ拡大政策の意味合いを持っていることを明らかにする。

2 留学生受け入れ拡大政策

(1)「留学生10万人計画」

中曽根康弘首相（当時）の指示により、「21世紀への留学生政策に関する提言」（1983年8月）および、「21世紀への留学生政策の展開について」（1984年6月）という、二つの文部省（当時）有識者会議の報告が提出された。そこで提言された方針が、一般に「留学生10万人計画」と呼ばれるものである。当時の日本の留学生数は8116人（1982年）で、米国（31万人）、フランス（11万人）といった他の先進諸国に比べて際立って少ないという状況であり、10万人という目標値は当時のフランスの留学生受け入れ数を目安にたてられた[1]。

そこでは、留学生を受け入れることによって、日本と諸外国との相互理解の増進や教育、研究水準の向上が見込まれ、また、「開発途上国の人材育成等に資する」ことから、留学生受け入れを拡大することは、日本の「文教政策及び対外政策上、重要な国策の一つ」とされた[2]。つまり、「留学生10万人計画」は、日本にとって、「国際協力」「国際貢献」を目的とした計画であり、留学生は卒業をしたら帰国するものと考えられ、卒業後に日本で就職する選択肢は想定されていなかった。

当時の日本では、「留学」の在留資格を持つ外国人（留学生）が卒業すると、仮に日本企業が日本での就職採用を決めたとしても、入国管理法上、該当する在留資格がないために日本で就労することはできず、帰国を含めた離日を余儀なくされていた。このような状況が、「留学生10万人計画」が打ち出されたあとも、１９９０年に出入国管理法が改正されるまで10年ほど続いたという（栖原 2013:162）。

しかし、１９８０年代は、日本はバブル好景気で労働力不足が議論された時期でもある。日本政府は、海外からの単純労働力は受け入れないという方針を堅持しつつ、専門的・技術的労働者については、日本の大学で学ぶ留学生を「高度人材予備軍」とみなし、卒業後に彼らの日本での就労を可能にする制度的枠組みの検討を進めた。大卒が普及した日本において、一般会社員を含む大卒者をまとめて「高度人材」と呼びうるのかは意見のあるところだろうが、大学を卒業した社会人、いわゆる大卒サラリーマンたちが日本経済を支える中心的な存在に組み込まれていくのは間違いないことであり、少なくとも日本政府は、大学で学ぶ留学生を「高度人材予備軍」と規定して、卒業後には「高度人材」として日本で就労できるよう、制度変更に着手した。そして、１９９０年の出入国管理法の改正において、「法律・会計業務」「医療」「研究」「教育」「人文知識・国際業務」「企業内転勤」の在留資格が新設され、「報道」「投資・経営」「技術」「興行」「技能」等の既存の在留資格についても、その該当する活動範囲が拡大された（鷲尾 2010:58）。おおむね、文系専攻の学生は就職すると在留資格「人文知識・国際業務」に、理系専攻の学生は「技術」に変更する（両者は平成26年の入管法改正によって統合され「技術・人文知識・国際業務」となり、例えば文系と理系の双方の要素を含む職種に対して在留資格の許可判断が行いやすくなった）。１９９７年には、専門士資格を取得した専門学校卒業生にも就労可能な在留資格が認定されるようになった。

(2)「留学生30万人計画」

２００３年に日本で学ぶ留学生数は10万人を超え、「留学生10万人計画」の目標が達成された。その多くは、アルバイトで学費と生活費を工面する私費留学生である。２００８年、福田康夫首相（当時）が、今度は２０２０年までに留学生30万人の受け入れを目指すという「留学生30万人計画」を提唱した（第１６９回国会における総理大臣施政方針演説）。この「留学生30万人計画」は、「留学生10万人計画」の、単にその３倍の留学生を受け入れるという目標数値だけを増加させた計画ではない。「留学生10万人計画」では留学生は卒業後に帰国することを前提としていたのに対し、新たな「留学生30万人計画」では、大学院などへの優秀な人材の確保、卒業後の日本企業への就職が主要な目的として設定されている。留学生が卒業後に日本で就職できるような制度を設けたにも関わらず、２００６年度に卒業した留学生約３万２０００人のうち、日本国内に就職しているのは３割程度の約９４００人にすぎず、そのため、日本で就職する者の「倍増を目指す」とされた[3]。

このとき、大学等の高等教育機関で教育を受ける場合には「留学」、高等学校や日本語学校を含む専修学校及び各種学校等において教育を受ける場合には「就学」として、在留資格が区分されていたが、この区別が廃止されることとなった。２００９年の通常国会において、入管法改正（「出入国管理及び難民認定法及び日本国との平和条約に基づき日本の国籍を離脱した者等の出入国管理に関する特例法の一部を改正する等の法律」）が可決・成立し、「留学生の安定的な在留のため」に、翌２０１０年から在留資格の「留学」と「就学」の区別がなくなり、「留学」に一本化された[4]。

日本政府が「留学生30万人計画」を打ち出したのは、おそらく、進む少子化と労働力不足のなかで外国人留学生を受け入れながら、外国人単純労働力は受け入れないという従前の方針に手を付けなくとも、留学生の受け入れを増やすことで、単純労働者と専門的・技術的労働者の双方をいくらかまかなうことができると経験的に学んだことによる。留学生は、学生時代はアルバイトのかたちで単純労働者の不足を補い、卒業後に日本で就職すれば専門的・技術的労働者の不足を補うことになるからである。

厚生労働省によると、日本に暮らす在留外国人総数273万1093人（2018年度末）のうち、日本で働く外国人労働者数は146万463人（2018年10月）である。この146万人の内訳は、まず、①「身分に基づき在留する者」（主に日系人）、「永住者」、「日本人の配偶者等」等を持つ者のことである。これらの在留資格は在留中の活動に制限がないため、様々な分野で就労し、報酬を受けることが可能である。次に多いのが、②「資格外活動」（留学生のアルバイト等）の34万4000人である。「資格外活動」では、本来の在留資格の活動を阻害しない範囲内（1週28時間以内等）で、相当と認められる場合に報酬を受ける活動が許可される。続いて、③「技能実習」が30万8000人である。外国人技能実習制度とは、技能や技術の開発途上国等への移転、開発途上国等の経済発展を担う「人づくり」に協力することを目的とする制度である。[5]さらに、④「就労目的で在留が認められる者」（前出の、元留学生が就職して切り替える在留資格の「技術・人文知識・国際業務」もその一つである）が27万7000人、⑤「特定活動」が3万6000人と

続く。特定活動とは、ＥＰＡに基づく外国人看護師・介護福祉士候補者、ワーキングホリデー等を指す。(6)

外国人労働者数の統計のなかに、留学生（のアルバイト）が含まれていることに違和感や意見もあるだろうが、厚生労働省はこのように整理して提示している。このデータからは、日本で働く外国人労働者（１４６万人）のなかで、留学生のアルバイトや技能実習生といった本来の滞在資格の趣旨が就労目的ではない外国人が44％を占めていること、とりわけアルバイトをする留学生など（34万４０００人）が、２番目に多い外国人労働者グループであることがわかる。確かに、コンビニ、スーパー、飲食店などで外国人留学生が働く姿は、いまでは日本社会のありふれた日常の光景である。

３ アンケート調査からみる来日と定住過程

(1) 朝鮮族の来日

以下に、筆者が、日本に暮らす朝鮮族たちに対して、２００１年（１２０人）、２０１１年（48人）、２０１５年（33人）の合計3回にわたって行ったアンケート調査を紹介する。(7) それぞれ主たる調査地の地方名と実施した年をつけて、「関東２００１年調査」、「関西２０１１年調査」、「関西２０１５年調査」と便宜的に表記することとする。各調査は、異なる時期・条件における、異なる人数（標本数）に対する有意抽出（機縁法）のアンケート調査であり、そのまま並列的に使用することには留意が必要であるが、上記の留学生受け入れ拡大政策が、日本で暮らす朝鮮族への量的調査においても確認できることを補足的に参照するために、調査の限界性に言及したうえで紹介する。各調査では、①先に来日した親戚・友人・知人のつてといったエスニック・ネットワークを活用して来日する者が多いこと、②アルバイトや仕事を探すうえでも朝鮮族の紹介やつてを用いる場合が多く、日本においても「一番親しい友人」は朝鮮族である場合が多いことなどから、日本への移動のみならず、日本での暮らしにエスニック・ネットワークが利用されている、という結果が得られた。また、日本への移動には、中国の朝鮮族学校（民族学校）における外国語教育のなかで日本語が学ばれてきたことが背景となっていた。

また、来日するときは、留学生として来日するパターンが示された。筆者が最初に行った調査が「関東2001年調査」であり、これは、2001年に、主に関東地方に暮らす120人の朝鮮族にアンケート調査（共同調査）を行ったものである。その回答者の年齢層は、最多が20代（46・7%）、次いで30代（36・7%）と、とりわけ20代の若い世代が最多を占めたこともあいまって、調査時の在留資格は（大学に通う）「留学」が38・3%、（日本語学校に通う）「就学」が16・7%と、全体の過半（55%）をいわゆる留学生が占めていた。

次に行った「関西2011年調査」は、前回調査からその10年後の2011年に、主に関西地方に在住する朝鮮族48人に実施したアンケート調査で、そこでは、回答者の年齢層は、最多が30代（23／48人）、次いで20代（18／48人）と、10年前の調査よりも若干上昇し、20代よりも30代のほうが多かったこととあいまって、在留資格は「日本企業社員」（22／48人）が最多を占めた。日本滞在期間も「10～15年」19／48人が最多で、次いで「５～10年」14／48人と、長期傾向にあった。「関東２００１年調査」と「関西２０１１年調査」からは、留学生として来日し、卒業後も日本で就職し、日本で働いているパターンが予想され、「関西２０１５年調査」において関西地方でアンケート調査（33人）を実施したところ、そのパターンが改めて確認された（【表1】）。「関西２０１５年調査」は、主に関西地方に在住する朝鮮族33名に実施した。そこでは、回答者の年齢は、30代（16／33人）、次いで40代（8／33人）とさらに上昇した。日本滞在期間もさらに長くなり、最多は「10年以上～15年未満」（11／33人）と「15年以上～20年未満」（11／33人）が同数であった。（はじめて）来日した年が１９９５年以降の者が多く、これは１９９６年の身元保証人制度廃止が背景となっている（本書所収第Ⅱ章41ページ参照）。また、来日して５年未満の者がいることから、日本の朝鮮族

【表 1】来日年度・日本滞在期間・年齢のクロス表（関西 2015 年調査）

（はじめて）来日した年	日本滞在期間	年齢（人）					合計（人）
		20代	30代	40代	50代	欠損値	
2010～2014	1 年未満	1					1
	1 年以上～ 5 年未満	2		1			3
2005～2009	5 年以上～ 10 年未満	1	3				4
	欠損値					1	1
2000～2004	10 年以上～ 15 年未満	1	9			1	11
	欠損値			1			1
1995～1999	15 年以上～ 20 年未満		4	5	1	1	11
1990～1994	20 年以上～ 25 年未満			1			1
合計		5	16	8	1	3	33

出所：宮島（2017:132）

コミュニティが絶え間なく新参者を受け入れていることがうかがえる。来日時の在留資格は、ほとんどが「留学」（19／33人）または「就学」（11／33人）であった。それが、2015年現在の滞在資格（【表2】）では、留学生が卒業後に日本で就職する際に変更取得する「人文知識・国際業務」「技術」がみられるほか、日本滞在期間が10年以上になる長期滞在者が多いこととあいまって、「永住者」資格（11／33人）や「日本国籍」（5／33人）を取得した者がみられる。「永住者」資格を取得するほうが、「日本国籍」を取得するよりも要件が厳しく、ハードルが高いが、「永住者」資格の取得者が「日本国籍」取得者よりも多いのは、中国国籍を保持しつづける何らかの理由があるのだろう（宮島 2017:150）。これには、前述のように、永住者は在留中の活動に制限がなく、様々な分野で就労し、その報酬を得ることが可能であること、および、彼らがトランスナショナルなコミュニティに生きていることと関係があるようにも思われるが、今後の検討事項である。

【表2】在留資格
（関西 2015 年調査）

	人数
永住者	11
人文・国際業務	7
日本国籍	5
留学	4
技術	2
家族滞在	1
永住者配偶	1
欠損値	2
合計	33

出所：宮島（2017:134）

(2) 日本への定住過程

前節では、日本の留学生受け入れ拡大政策を背景に、日本在住の朝鮮族には、留学生として来日し、卒業後も日本で就職し、日本で働いているというパターンを見た。さらに、彼らのその先の展開、つまり、日本で結婚し、子どもを生み、老親を呼び寄せる、という展開までを量的調査から明らかにしたのが、権・金・呉による２０１５年の調査である（本書所収補論を参照）。権ほかは、２０１５年に、２３２人もの日本在住の朝鮮族に対してアンケート調査を行い、これは、日本在住の朝鮮族を対象にしたそれまでの量的調査のなかで最大のサンプル数をもつ調査である。そこでは、日本在住の朝鮮族の家族構成と滞在年数の関係が、本書補論所収の【図11】（２２１ページ）のように整理されている。２０１５年現在における日本での家族構成を示すこの【図11】から明らかになることには、まず彼らは、来日時は（留学生として）単身でやってきて、５年間ほど単身で日本生活を送る。滞日5年目以降に、結婚するかパートナーを呼び寄せるなどして夫婦で暮らすようになり、その2年後（滞日7年目）には子どもが生まれ、二世代の家族構成になる。17年目以降には、親を日本に呼び寄せて、三世代で日本で暮らすようになる（権・金・呉 2016:16; 権 2018:42）。

筆者の朝鮮族知人の例では、老親を呼び寄せるのには、主に二つの理由がある。一つには、出産を機に家事・育児をサポートしてもらうための呼び寄せである。産褥期や、産休・育休を終えて会社に職場復帰する時期など、必要に応じた一時期について、老親を日本に呼び寄せ同居する。いま一つには、老親を独居させておくことが不安になったために日本に呼び寄せるケースである。子育てで祖父母のサポートを受けることも、遠方の老親の介護問題も、一般の日本人家庭でもよく耳にする話題である。日本に暮らす朝鮮族の場合は、老親が中国から韓国に移動して韓国で暮らしている場合も少なくないが、いずれにしても、必要のたびに、老親に中国・韓国から来てもらう、ないし、自身が中国・韓国へ足を運ぶ、というわけにもいかないので、日本に呼び寄せて同居（一時的な同居を含む）をする。

ここまで見てみると、日本在住の朝鮮族には、留学生として来日し、卒業後には日本で就職して就労可能な在留資格に切り替えて、日本で働き、結婚し、子どもを生み、老親を呼び寄せ、日本の永住資格や日本国籍を取得した者も多く、日本企業社員といった定職に就いて経済的にも安定した生活を送っている、という、一つのパターンないし傾向が認められる。一般的には「中間層」「アッパーミドル」と呼ぶことができそうであるが、権によると、そのような視座こそが社会や国家といった外在的視点によるものであり、当事者の視点によるものではない。朝鮮族としての当事者の視点（内在的視点）からすれば、朝鮮族コミュニティの土台には職業や在留資格などでは分割されようがない家族・親族ネットワークがあり、いかなる社会的・制度的属性よりも血縁のつながりが優先される。社会や国家といった外在的視点からの基準は、当事者にとっては問題にならず、コミュニティの凝縮力の妨げにはならない。たとえ上記のパターンないし傾向から外れるケースにある者もコミュニティのなかに包摂され、そのようなコミュニティであるからこそ、「家族・親族がいる地域であれば、国境を軽々と越えてコミュニティが成立しえる」（権 2018:44）。

そして、本書補論（233ページ）でも示されているように、権・金・呉は、日本在住の朝鮮族の定住化傾向を、永続的な定着というよりは、「移動する文化」を基底にした「拠点」（hub）の形成ともいうべき態様、すなわち「拠点形成としての定住化」と呼びうるものであると主張している（権・金・呉 2016:27）。筆者が行ったアンケート調査においても、権・金・呉のアンケート調査においても、日本の永住資格や日本国籍を取得していないながら、今後の予定を「まだわからない」（引き続き日本に住むのか、中国に帰国するのか未定）とする回答が存在し、今後の考察課題の一つとなっているのだが、なるほど「拠点形成としての定住化」という理解が一つのヒントとなりそうである。

4 出入国管理法改正（２０１９年）

２０１８年12月8日の臨時国会において、在留資格「特定技能」の新設を柱とする出入国管理法改正案（「出入国管理及び難民認定法及び法務省設置法の一部を改正する法律」）が成立した（２０１９年4月1日施行）。「特定技能」という新たな在留資格を設ける目的は、「中小・小規模事業者をはじめとした深刻化する人手不足に対応するため、生産性向上や国内人材の確保のための取組を行ってもなお人材を確保することが困難な状況にある産業上の分野において、一定の専門性・技能を有し即戦力となる外国人を受け入れ[8]」ること、すなわち、外国人労働者の受け入れを拡大するためである。そのような外国人労働者の受け入れ拡大に対応するため、２０１９年4月、法務省は内部部局であった入国管理局を格上げし、法務省の外局として「出入国在留管理庁」を設置した。このような制度・組織の変更は、卒業後には日本で就労することを期待して受け入れる留学生の存在も視野に入れてなされたものである。

「特定技能」とはどのような在留資格なのか。「特定技能」は、「特定技能1号」と「特定技能2

号」に分けられる。「特定技能1号」は、「特定産業分野に属する相当程度の知識又は経験を必要とする技能を要する業務に従事する外国人向けの在留資格」であり、「特定技能2号」は、「特定産業分野に属する熟練した技能を要する業務に従事する外国人向けの在留資格」である。特定産業分野とは、介護、ビルクリーニング、素形材産業、産業機械製造業、電気・電子情報関連産業、建設、造船・舶用工業、自動車整備、航空、宿泊、農業、漁業、飲食料品製造業、外食業の14分野であり、より高い専門性を持つ外国人向けの「特定技能2号」は、建設、造船・舶用工業の2分野のみ受入れ可能である。

「特定技能1号」は、在留期間は「通算で上限5年まで」であり、家族の帯同は基本的に認められない。「特定技能1号」の在留資格で働く外国人を受け入れる機関は、「特定技能1号」の活動を安定的かつ円滑に行うことができるように、生活上の支援を行わなければならない。その支援とは、具体的には、例えば、生活オリエンテーション（円滑に社会生活を営めるよう、日本のルールやマナー、公共機関の利用方法や連絡先、災害時の対応等の説明など）、公的手続等への同行（住居地・社会保障・税などの手続の同行、書類作成の補助など）、日本語学習の機会の提供（日本語教室等の入学案内、日本語学習教材の情報提供など）、日本人との交流促進（自治会等の地域住民との交流の場や、地域のお祭りなどの行事の案内や、参加の補助）などである。これに対し、「特定技能2号」には、在留期間に「通算で上限5年まで」の制限がない。家族（配偶者、子）の帯同は、要件を満たせば可能である。そして、特定技能2号については、受け入れ機関に生活面での支援義務がない。

在留資格「特定技能」を保持して就労を開始するまでの流れは、大きく二つのパターンにわけてシュミレーションされている。一つは、現在、本人が海外に居住しているパターンである。もう一つは、現在、本人が日本に居住しているパターンであり、その一例として、本人が日本で学ぶ留学生である場合が示されている。日本在住の留学生の場合は、従事したい産業分野の業務に関する技能試験と日本語試験に合格したうえで、求人募集に直接申し込んだり、ハローワークや民間の職業紹介事業者を利用して、いわゆる就職活動を行い、在留資格を「留学」から「特定技能」に変更して就労を開始する。

新設の在留資格である「特定技能」と、既存の就労が認められる在留資格との関係は、【表3】のように整理され説明されている。技能・技術移転、人材育成といった国際協力を目的に掲げている「技能実習」が非専門的・非技術的分野にカテゴライズされるのに対し、「特定技能」は、「教授」「技術・人文知識・国際業務」「介護」などと同じく、専門的・技術的分野にカテゴライズされている。(9)

前述したように、日本では、1990年代に、日本の大学で

【表3】就労が認められる在留資格の技能水準

	既存の在留資格	新設の在留資格
専門的・技術的分野	「高度専門職（1号・2号）」 「教授」「技術・人文知識・国際業務」 「介護」「技能」等	「特定技能2号」
		「特定技能1号」
非専門的・非技術的分野	「技能実習」	——

出所：法務省「新たな外国人材の受入れ及び共生社会実現に向けた取組」(http://www.moj.go.jp/content/001293198.pdf)

学ぶ留学生を「高度人材予備軍」とみなして、卒業後に日本で就労できるよう「人文知識・国際業務」等の在留資格を新設するなどの制度改編がなされ、のちには専門学校を卒業した留学生にも就労可能な在留資格が認定されるようになった。２０００年代には、在留資格の「就学」と「留学」の区別がなくなり、日本語学校、専門学校、大学・大学院等の多様な教育機関に在籍する外国人留学生の在留資格が「留学」に一本化された。このような変遷を踏まえつつ、２０１９年の新制度を整理して気が付くことには、これまでは日本語学校を卒業した者は、（本国等ですでに大学を卒業している場合を除いて）就労可能な在留資格が認定されてこなかったが、新制度では、従事したい産業分野の業務に関する技能試験と日本語試験に合格して就職活動を行い、在留資格を専門的・技術的労働分野である「特定技能」に変更して就労することができる。

しかし、この新制度における生活面でのサポートに注目してみると、単身で滞在し5年を上限に働く者へのサポートのみが義務化されており、長期滞在で家族を帯同する者へのサポートは念頭に置かれていない。現在、5年の上限なく長期滞在が可能で、家族帯同も可能な「特定技能2号」の在留資格は、建設（型枠施工など）、造船・舶用工業（溶接など）の2分野に限られているが、これまでの流れを踏まえると、おそらく日本は、今後の少子化と就業人口減少にあわせて制度変更を重ね、さらに多様な業種で外国人労働者の受け入れを拡大しようとしていくことが予想される。

5 日本における外国人家庭の現状

日本の新制度において、「特定技能2号」の在留資格で家族を帯同し長期滞在する者は、受け入れ機関に生活支援の義務が課されていないことを見た。そこで、本節では、特に家族を帯同した外国人労働者に注目しながら、日本における居住環境の現状について述べる。

イギリスの大手金融機関であるＨＳＢＣが毎年行っている海外駐在員の生活調査レポート（Expat Explorer Report 2019）を見ると、外国人にとって居住と就労に適した環境ランキングのなかで、日本は、33カ国・地域のうち、総合ランキング32位とほぼ最下位であった。[10] 総合順位の高い順に示すと、第1位がスイスで、第2位以降は、シンガポール、カナダ、スペイン、ニュージーランド、オーストラリア、トルコ、ドイツ、アラブ首長国連邦、ベトナム、バーレーン、マン島、ポーランド、アイルランド、香港、マレーシア、フランス、インド、ジャージー（Jersey）、スウェーデン、メキシコ、タイ、アメリカ、フィリピン、ガーンジー（Guernsey）、中国（Mainland China）、イギリス、イタリア、サウジアラビア、南アフリカ、インドネシア、日本、ブラジルの順である。日本の順位を部門別にみると、暮らし部門（Living）では、「政治的安定（Political stability）」の項目では6位と高い順位にあるが、「文化的、開放的、歓迎的なコミュニティ（Cultural, open and welcoming communities）」の項目は26位であり、「定着の容易さ（Ease of settling in）」は32位と最下位に近い。仕事部門（Aspiring）では、10位以内に入った項目はなく、「手取り収入（Disposable Income）」は19位だが、「収入（Income）」と「ワークライフバランス（Work/life balance)」はともに最下位の33位である。子育て部門（Little Expats）では、20位以内に入った項目はなく、「教育（Learning）」33位、「友だち作り（Making friends）」32位、「学校（Schooling）」24位といずれもが非常に低い。

ここで注目されることには、この調査結果では、仕事の都合で来日し、日本で居住することになった外国人にとって、日本とは、容易に定着できない社会であり、子どもが学校に通い、友だちを作り、教育を受けて学力を育むことが難しい社会であると示されている点である。

このことについて、筆者は、外国人生徒[11]を受け入れることになる現場の学校教員に、学校現場の現状を質問したいと思い、アンケート調査（質問紙調査）を行った。調査は、２０１８年８月に９人、２０１９年10月に９人、いずれも香川県内で開かれた教員免許状更新講習の会場で、講習受講者の合計18人に質問紙の配布・回収を行った（回答者の勤務する学校等の所在地は、香川県のほか近隣県も含まれる）。サンプル数が非常に少ないが、「日本は、容易に定着できない社会であり、外国人の子どもが学校に通い、友だちを作り、教育を受けて学力を育むことが難しい社会である」とのＨＳＢＣ調査の結果を、日本の学校教員への調査からも補足的に参照するために、調査の限界性に言及したうえで、紹介することとする。

まず、回答者18人の現在の勤務校は【表４】のとおりである。「小学校」、「中学校」、「高校」、「その他」となっており、「その他」には、特別支援学校（に勤務する中学・高校教員免許保持者）、保育所（に勤務する幼稚園教諭免許保持者）などが含まれる。中学・高校の併設校に勤務する者は、選択肢のうち「高校」を選択している。18人のうち17人が複数種類の免許を保持しており、例え

【表 4】 現在の勤務校と、外国人生徒担当経験のクロス表（単位：人）

	(担当経験)ない	(担当経験)ある	合計
小学校	0	1	1
中学校	0	3	3
高校※	5	4	9
その他	2	3	5
合計	7	11	18

※注：中学・高校の併設校に勤務する者も含まれる。

【表 5】 現在の勤務校と、受け入れ態勢（複数回答）、外国人生徒担当経験のクロス表（単位：人）

		小学校 (1名)		中学校 (3名)		高校 (9名)		その他 (5名)		合計
外国人生徒担当経験		有	無	有	無	有	無	有	無	
日本語や教科を指導するために、在籍学級から取り出して指導する国際教室がある				1						1
校外からの学習支援員が訪問し取り出し授業をしている		1								1
生徒の母国語を話せる通訳を配置している								1		1
地域の学習支援ボランティアに取り出し授業などで協力を得ている				1		1		1		3
その他	①受け入れ例がない等					1	1			2
	②受け入れ体制はない等					2	4	2	1	9
	③それ以外の内容			1						1
無回答								1		1
合計		1		3		4	5	5	1	19

ば、小学校・中学校・高校教員免許といったように3種類の教員免許を保持している者も少なくなかった。

【表5】は、現在の勤務校と、勤務校の受け入れ体制（複数回答）、外国人生徒担当経験の3要素のクロス表である。現在の勤務校における外国人生徒の受け入れ体制についての設問には五つの選択肢を設け、その選択肢の一つである「その他」には具体的な内容を記入する自由記述欄を設けた。その自由記述欄に書かれた内容を、①「受け入れ例がない」（「外国人生徒は在籍していない」「日本語のできる生徒しか来ていない」「日本人生徒と同じように対応し、特別な配慮はしていない」などを含む）、②「受け入れ体制はない」（受け入れ体制がない理由の記述を含む）、③それ以外の内容、の大きく三つに分けて整理した。高校教員は全9人であり、そのうち8人が「その他」を選択し、その自由記述欄に、2人が①「受け入れ例がない」、6人が②「受け入れ体制はない」旨を記入している。高校の場合は、日本語でなされる入学試験を合格した外国人生徒のみが在籍しているのが一般的であるので、「日本語のできる生徒しか」おらず、そのため特段に受け入れのための体制を整えていない、ということが想定される。また、外国人生徒の担当経験が「ある」と答えて、かつ、現在の勤務校に「受け入れ体制はない」というケース（「高校」2人、「その他」2人）が見られる。このようなケースは、小学校・中学校に勤務する回答者には見られない。高校や幼稚園などで、受け入れ体制がない場合、現場の教員が個別に外国人生徒の対応に当たっている、ということも考えられる。また、日本語ができるという理由で外国人生徒に対して特別な配慮は行わず、学校としての受け入れ体制はない、という状態については、日本語ができることを、外国人生徒への配慮の必要を想定せず、受け入れ体制を持たないことの前提としてよいのかどうか、疑問が残る。

外国人生徒を担当した経験については、「ある」と答えた者が11人で、「ない」と答えた者が7人であった（【表4】）。担当経験が「ある」と答えた11人に対して、外国人生徒受け入れの課題を、①日本語指導、②教科指導、③生徒指導、④保護者との意思疎通、の四つの分野にわけて、それぞれにおいて最も課題と感じられたことについて質問した。①日本語指導、②教科指導、③保護者との意思疎通、の三つの分野においては、課題として感じられたとして選ばれた項目はまんべんなく散らばっており、集中して選ばれたものは特になかった（【表6】【表7】【表8】）。

【表6】日本語指導分野での課題

	人数
配置された対応人数・日数が不足	1
対応スキルのある人材そのものが不足	2
初期は母語通訳が必要	3
その他	3
無回答	2
合計	11

【表7】教科指導分野での課題

	人数
教科ごとの理解度を測る方法	2
国により学習段階や内容が異なる	2
国により教え方が異なる	2
その他	2
無回答	3
合計	11

【表8】保護者との意思疎通に関する分野での課題

	人数
保護者にも通訳サポートが必要	2
学校からの文書に翻訳が必要	3
PTAや行事参加	1
家庭内における生徒に関する指導	1
ほかの生徒の保護者との関係作り	1
その他	2
欠損値※	1
合計	11

※注：１つを選択する設問であるが、二つを選択してあったため欠損値として処理した。選ばれた二つは「ＰＴＡや行事参加」と「ほかの生徒の保護者との関係作り」であった。

生徒指導に関する分野で最も課題として感じられたことについては、11人のうち6人が「日本語での意思疎通」を選択している（【表9】）。【表10】は、以上の四つの分野（①日本語指導に関する分野、②教科指導に関する分野、③生徒指導に関する分野、④保護者との意思疎通に関する分野）のなかで、外国人生徒に対応するにあたって、最も大きな課題であると考えるものについて質問したものであり、11人のうち5人が日本語指導に関する分野を選択している。日本の教員は、生徒に教科を教えるほか、個々の生徒の出欠席、生活習慣、人間関係、部活動、学校行事などについて生徒指導を行う。これらは、外国人生徒と、そのような個々の生徒の日常生活に踏み込んだ話題について日本語で話し合うことの難しさの一端を示しているのではないかと思われる。

【表9】生徒指導分野での課題

	人数
日本での生活習慣の定着	1
人間関係づくり	1
日本語での意思疎通	6
その他	2
無回答	1
合計	11

【表10】外国人生徒への対応するなかで最も大きな課題として感じられること

	人数
日本語指導	5
生徒指導	2
保護者との意思疎通	3
無回答	1
合計	11
合計	11

最後に、18人の全回答者に、外国人生徒に関する自身の経験や考えなどを自由に記述してもらった。そこに書かれた記述を以下にいくつか提示する。Aさん（現在の勤務校「高校」、外国人生徒の担当経験「なし」）は、「特に高等学校において（外国人生徒の）数が少ない」理由を、義務教育

ではない日本の高校に入学するためには入試に合格しなくてはならず、この入試の段階で日本語を含めた学力が求められるため、と説明する。そして、外国人生徒に関しては、まずは「小学校、中学校の義務教育段階でサポート体制」を整えることが重要であるとし、そのうえで、今後、外国人生徒の増加に応じて、「高等学校等でのサポート体制も準備していかなければならないのではないか」としている。

Bさん（現在の勤務校「高校」、外国人生徒の担当経験「あり」）は、「外国籍や両親のどちらかが外国人」である生徒が勤務校に数人いるが、「そうだと全くわからなかった」という経験を持つ。今後は「ますます増えていくのだろう」と予想しつつ、「日本にこういう時代が来るとは」思いもしなかったことであり、現在、「小・中学校はたいへんだと思う」。Bさんの高校に在籍する外国人生徒は、おそらくは日本で義務教育課程を終えて、日本語で出題される一般的な高校入試に合格しており、そのため、一見、外国人生徒であると気づかれない。Bさんの「小・中学校はたいへんだと思う」という記述の意味内容は、Aさんの、まずは小学校・中学校のサポート体制を整えることが重要であるという意見と同義であるように思われる。

Cさん（現在の勤務校「高校」、外国人生徒の担当経験「あり」）は、以前に勤務していた高校での経験として、日本語が不得手で、「英語なら理解できる」生徒の例を挙げて、「毎日放課後に英語の先生がマンツーマンでその生徒に寄り添い、全教科の指導を行っていた」と紹介し、外国人生徒には「まず、母国語の通訳が必要である」としている。Aさんの記述からは、高校に入学するには日本語力が必要で、日本語力を必要とする入学試験が一つのハードルとなるため、小・中学校に比べて、高校には外国人生徒の絶対数が少ないことが読み取れるが、Cさんの記述からは、日本の高校に通う外国人生徒は日本語ができる生徒ばかりではないことを知ることができる。

Dさん（現在の勤務校「小学校」、外国人生徒の担当経験「あり」）は、「幼い頃から家族で（日本に）住んで」おり、両親も「高校卒業まで日本の教育を受けさせる意向」である外国人生徒のケースを取り上げ、生徒が日本での学校生活に適応している一方で、本人の自国の「文化の継承が課題」となっている旨を指摘している。また、就学前に幼くして来日した点では同じであるにも関わらず、「生活習慣と親の価値観の差異」が「勉学に影響」している外国人生徒のケースもあると指摘する。この記述からは、Dさんが、幼いときに来日したか、日本で生まれ育った外国人生徒に、日本語での意思疎通に問題はなくとも、外国人生徒ならではの配慮や対応の必要を感じていることがうかがえる。

Eさん（現在の勤務校「その他」、外国人生徒の担当経験「あり」）は、「日本語が0（ゼロ）で来日」した生徒は、「日本語の問題が一番大き」く、「特に小学校高学年から中学生で来日した場合、授業についていけるようになるのは難しい」としたうえで、「また、いきなり帰国する場合もあり、どこまで指導していいか」を「見極め」るのが「難しい」という。その生徒が日本に長期滞在する場合は、将来の高校受験も見据えて日本語力（日常会話レベルを超えて、教科としての国語、日本地理、日本史などの学習に必要なレベルの日本語力）の指導に比重を多く置いたほうがよいだろうし、日本の高校を受験せずに帰国する、ないし、また別の第3国に移動するケースでは、日本語力は、例えば日常会話に不自由がないレベルを到達の目安として生徒に負荷をかけすぎないようにするという対応も考えられるが、いつまで日本に滞在するのか、長期滞在であるか、それほど長期には滞在しないのかが未定であるケースでは、現場の教員は、計画立てて指導を行うことに困難を感じる、ということではないかと思われる。さらに、Eさんは、「学校によって対応がさまざま」で、「このように（外国人生徒が）増えてきている状況なので、県教委などが一定の方向性を示してもよい時期なのではないか」と書き、公的機関による指導指針や支援が十分に整っているとは言えないなかで、現場の教員が、学校ごとの個別の状況に応じて工夫を行い、外国人生徒に対応していることが見てとれる。

6 むすび

日本在住の外国人は、1980年には78万人、1990年には107万人、2000年に168万人と増加しつづけ、2018年12月現在では273万人である。そのうち国別では中国（76万人）が最も多く、その在留資格を見ると、最多が「永住者」（26万人）、次に「留学」（13万人）、「技術・人文知識・国際業務」（8万人）、「家族滞在」（7万8000人）と続く[12]。本章では、日本在住の朝鮮族は、留学生として日本にやってくる者が多いこと、卒業後に日本で就職し（在留資格を「留学」から「技術・人文知識・国際業務」へ変更し）、長期滞在者となり、「永住者」資格を取得するものが増えていること、先行研究はこのような日本在住の朝鮮族の定住化傾向を、永続的な定着というよりは「拠点形成としての定住化」と見なしていることを見た。

ＩＯＭ（International Organization for Migration：国際移住機関）によると、かつての移動は、永住を前提とした一回限りの（片道の）移動が主流であったが、今日の移動は、送り出し国と受け入れ国の間を繰り返し移動するような反復性を持つ傾向にある。また、送り出し国から受け入れ国への移動のあと、また異なる第三国へと移動がなされる場合もある。今日、人は、一生のうちに、いくつかの異なる国で、教育を受け、働き、子どもを育て、退職し老後を迎えることが可能になり、更にはそのような移動と生活が特殊ではなくなってきている。[13] 日本の教員Ｃさんから、「いきなり帰国する」外国人生徒のケースが述べられたのは、日本も、このような今日の世界的な国際移動の傾向のなかにあるためである。朝鮮族についてみても、本書所収第Ⅳ章では、「一時的に離れても再び戻ってくる」場所の一つとして日本を考えている朝鮮族の事例が紹介され、本書補論では、日本在住の朝鮮族の定住化傾向を永続的な定着というよりは「拠点形成としての定住化」であると主張しているが、こういった事例や主張は、今日の国際移動の傾向に沿うものである。現在の国際移動の傾向を勘案するならば、卒業後には日本で就業してもらうことを期待しての留学生受け入れ政策は、留学生や元留学生の家族の問題、そして、繰り返される移動の可能性を念頭に置いたものになるはずである。

筆者は、日本在住経験のある朝鮮族を対象に生活史の聞き取り調査を行ってきた。留学生として来日した朝鮮族同士が、日本で結婚し、子どもを持ち、日本企業に就職し、日本企業駐在員として中国に転居したケースもあれば、子どもを持つ朝鮮族夫婦が留学生として来日し、夫婦がそれぞれ中国と日本に就職先を得たために、子どもが日本と中国を往復して育ったケースもある（宮島 2017:176-181)。国際転校は子どもにとって大きな負担であり、いずれのケースでも、子どもをもつ朝鮮族たちが家庭生活で最も心を砕いてきたことの一つが子どもの学校ないし教育の問題であった。

前節では、日本の小学校教員のAさんが、長く日本に居住している外国人生徒の場合、本人の自国の「文化の継承が課題」であると述べたことに触れたが、日本在住の朝鮮族にも、同じような(あるいはより複雑な)状況が見られる。幼少期に来日した、ないし、日本で生まれ育った朝鮮族児童は、日本では朝鮮族としての教育を受けることができない。中国で「中国の少数民族である朝鮮族」として育った来日一世(=児童の親)たちは、日中朝の三言語のトリリンガルであるが、日本在住の朝鮮族児童は、一般の日本の学校に通う場合が多く、日本語が第一言語になっていく。同じ朝鮮民族として朝鮮学校に通ったとしても中国語を身につけることができないし、中国国籍を持つ者として中華学校に通ったとしても朝鮮語を身につけることができない。これに対応するため、日本在住の朝鮮族の女性団体(在日朝鮮族女性会)が、2008年から、こども向けの週末学校(東京センムル学校、センムルは朝鮮語で「泉、湧き水」の意)を開催・運営している。そこでは、日本で暮らす朝鮮族子女のための教育として、幼児から小学生の子どもたちが、中国語・朝鮮語、昔話や童謡を通じた伝統文化などを学んでいる。

本章で明らかになったように、現在12万人の留学生を、30万人まで増やすという日本の留学生政策は、国内の労働力不足と連動し、それを補填する外国人労働者政策の意味合いを持っている。さらに、2019年に実施された新制度を含む日本の諸政策が目指しているのは、一つには、外国人が就労可能な入国・滞在資格を拡大して、就労する外国人を増やすことであり、いま一つは、さらに多くの留学生を受け入れ、在学中はアルバイトの形で労働力不足を補填し、卒業後には彼らを専門的・技術的分野で就労する人材として労働力不足を補填することである。ＨＳＢＣ調査でも「定着が容易ではない」とされた日本での就労を促すならば、日本語を習得し日本社会に慣れた元留学生も含めて、家族で日本に滞在する外国人家庭への生活支援サポートとその制度が必要である。

朝鮮族の事例からも明らかになることには、外国人留学生を受け入れるということは、単なる留学生政策を超えて、受け入れた外国人（留学生）の子女に対する教育サポートや、留学生の卒業後の多様な就労形態、繰り返される国際移動に既存の社会保障制度が対応しきれていない問題（例えば、各国で就労する際にそれぞれの国で強制的に徴収される年金保険料を老後に特定の1国で受け取ることはできるのか等）への政策・制度的な対応も必要となる。

２０１８年12月25日に開かれた「外国人材の受入れ・共生に関する関係閣僚会議」では、新たな在留資格である「特定技能」の創設を踏まえて、外国人が暮らしやすい社会作りのための総合的対応策がまとめられた。医療、保健、教育、住宅、金融・通信サービスなど生活の様々な場面を想定した１２６の施策が検討され、そこには総額２２４億円の予算措置を行うことがもりこまれた。その内訳をみると、「外国人児童生徒の教育等の充実」に5億円、「留学生の就職等の支援」32億円となっている。(14)

会議決定を見ると、外国人生徒の教育に関する項目の一つとして、以下のような支援策が書かれている。

公立学校において、２０２６年度には日本語指導が必要な児童生徒18人に対して１人の教員が基礎定数として措置されるよう、公立義務教育諸学校の学級編制及び教職員定数の標準に関する法律（義務標準法）の規定に基づいた改善を着実に推進する。また、日本語指導補助者や母語支援員の活用等の指導体制の構築や、日本人と外国人が共に学び理解し合える授業の実施等、各地方公共団体が行う外国人児童生徒等への支援体制の整備に対する支援を実施する。その際、各地方公共団体におけるＮＰＯや企業等を含む幅広い主体との連携も促進する。

【平成31年度予算3億円】〔文部科学省〕《施策番号61》

また、留学生の就職支援に関する項目の一つとして、以下のような対策が書かれている。

外国人雇用サービスセンター及び一部のハローワークに設置している留学生コーナーを留学生に対する就職支援の拠点として位置付け、担当者制によるきめ細かな相談・支援を行うほか、インターンシップやセミナー、説明会の開催等により、留学生と企業とのマッチング支援を行うとともに、外国人雇用サービスセンター等の増設を含めた支援体制の強化等を図り、更なるマッチングの推進を図る。

【平成31年度予算8億円】〔厚生労働省、経済産業省〕《施策番号76》

繰り返される移動を念頭においた対応策として十分とは言えないが、これらの動きを見ても、今後、日本の留学生政策は、その内実において、留学生と元留学生、およびその家族を含めた包括的な外国人政策への転換をますます迫られていくであろう。

【注】

(1) 文部科学省ホームページ、留学生受入れ10万人計画（http://www.mext.go.jp/b_menu/hakusho/html/others/detail/1318576.htm）。寺倉憲一「我が国における留学生受入れ政策」国立国会図書館調査及び立法考査局『レファレンス』59（2）、2009年2月。

(2) 中央教育審議会大学分科会留学生部会（第1回）H14.12.25「当初の『留学生受入れ10万人計画』の概要」（http://www.mext.go.jp/b_menu/shingi/chukyo/chukyo4/007/gijiroku/030101/2-1.htm）。

(3) 文部科学省ホームページ「『留学生30万人計画』の骨子」とりまとめの考え方（http://www.mext.go.jp/b_menu/shingi/chukyo/chukyo4/houkoku/attach/1249711.htm）。

(4) 出入国在留管理庁ホームページ、平成21年入管法改正について（http://www.immi-moj.go.jp/newimmiact/newimmiact.html）。

(5) 厚生労働省ホームページ、外国人技能実習制度について。平成22年7月1日施行の改正入管法により、技能実習生は入国1年目から雇用関係のある「技能実習」の在留資格が付与されることになった（同日以後に資格変更をした技能実習生も同様）。

(6) 厚生労働省ホームページ「『外国人雇用状況』の届出状況まとめ（平成30年10月末現在）」（https://www.mhlw.go.jp/stf/newpage_03337.html）。法務省ホームページ「新たな外国人材の受入れ及び共生社会実現に向けた取組」（http://www.moj.go.jp/content/001293198.pdf）。

(7) 各調査の概要は以下のとおりである。「関東2001年調査」（有効回答120名、実施期間2001年9月～11月）は、筆者を含む4人の共同調査であり、日本にある朝鮮族の諸団体（延辺大学日本校友会・天池倶楽部・

中国朝鮮族研究会）および「第一回在日本中国朝鮮族国際シンポジウム」準備委員会の協力のもと、①主として関東地方で開催された各会合での直接配付・回収、②家族・友人へ配布してもらい郵送で回収、③天池倶楽部のメーリング・リストによりEメールで配布・回収、という三つの方法で行った。「関西２０１１年調査」（有効回答48名、実施期間２０１１年11月〜２０１２年3月）は、①関西地方で開催された、第四回在日本中国朝鮮族国際シンポジウム、在日本中国朝鮮族関西友好会忘年会での直接配布・回収、②知人へ配布してもらい郵送で回収した。「関西２０１５年調査」（有効回答33人、実施期間２０１５年2月〜4月）は、①関西地方で開催された、大阪朝鮮族新年会、大阪朝鮮族花見バーベキュー・パーティなどの三つの集まりで直接配布・回収、②知人へ回答を依頼し、Eメール添付で回収した。「関東２００１年調査」については、権・宮島・谷川・李（2006）および、宮島（2017）に所収。「関西２０１１年調査」、「関西２０１５年調査」については、宮島（2017）に所収。

(8) 平成30年12月25日閣議決定「特定技能の在留資格に係る制度の運用に関する基本方針について」、（http://www.moj.go.jp/content/001278434.pdf）。

(9) 法務省ホームページ「新たな外国人材の受入れ及び共生社会実現に向けた取組」（http://www.moj.go.jp/content/001293198.pdf）。

(10) ＨＳＢＣホームページ（https://www.expatexplorer.hsbc.com/）。川村力「日本は収入、教育などで最下位。外国人が『住みたい、働きたい』国ランキング」『Business Insider Japan』２０１９年９月４日付（https://www.businessinsider.jp/post-198008）。ＨＳＢＣ調査は必要な最低サンプル数を満たした国・地域だけがランキングの対象となっている。

(11) 小学生を「児童」、中学生・高校生を「生徒」と呼ぶが、本稿では外国人児童と外国人生徒を総称して、外国人生徒と表記する。

(12) e-Stat 政府統計の総合窓口における「在留外国人統計（旧登録外国人統計）」参照。

(13) IOM policy brief July 2006: Integration in today's mobile world, 2006, pp.2-3.

(14) 首相官邸ホームページ、外国人材の受入れ・共生に関する関係閣僚会議（https://www.kantei.go.jp/jp/singi/gaikokujinzai/）、および「平成30年12月25日外国人材の受入・共生に関する関係閣僚会議」（https://www.kantei.go.jp/jp/98_abe/actions/201812/25gaikoku.html）

【参考文献】

権香淑・宮島美花・谷川雄一郎・李東哲、２００６、「在日本中国朝鮮族実態調査に関する報告」中国朝鮮族研究会編『朝鮮族のグローバルな移動と国際ネットワーク』アジア経済文化研究所、１７９～２２２頁

権香淑、２０１３、「日本を生きる朝鮮族」吉原和男編集代表『人の移動事典』丸善出版、２１４～２１５頁

権香淑、２０１８、「中国朝鮮族の移動とコミュニティ研究における理論的課題――トランスナショナルな枠組みの批判的継承に向けて」『朝鮮族研究学会誌』第８号、28～53頁

権香淑・金雪・呉泰成、２０１６、「日本における朝鮮族コミュニティの変遷と定住化――２０１５年調査を中心に」『朝鮮族研究学会誌』第６号、１～33頁

栖原暁、２０１３、「高度人材予備軍としての留学生」吉原和男編集代表『人の移動事典』丸善出版、１６２～１６３頁

鄭亨奎、２０１５、「新中国の草創期における日本留学と予備教育」『朝鮮族研究学会誌』第５号、１～14頁

宮島美花、２０１７、『中国朝鮮族のトランスナショナルな移動と生活』国際書院

鷲尾紀吉、２０１０、「入管法の在留制度」『中央学院大学商経論叢』第25巻1号、57～68頁

第Ⅵ章

私のライフストーリー
――日本語教育と研究に携わった半世紀を振り返って

李東哲

1 日本語にいざなわれて半世紀

私が「日本語」ということばに接してから、かれこれ半世紀の歳月が流れようとしている。でも単純に年数のみの話なら、大して驚くようなことはあるまい。ところが、あのわけのわからない「反右派闘争(1)」、「大躍進(2)」、「文化大革命(3)」という最悪の時代に中国でこの世に生を享けて、幼年期と青年期の一部を過ごした私たちの世代にとっては、この50年という半世紀を、ある意味では「波乱万丈」ということばに譬えたとしても、文句を言われる筋合いはあるまい。

世間には、この年代に生まれ育った人たちを、この地球上でもっとも例外的で、かつ辛酸を嘗め尽くした人々で、それでいてもっとも楽観的で、空前絶後の世代だと評する人もいる。その評価の正否はともかく、私たちの世代が多幸多難の時代をくぐり抜けてきた世代であることには間違いない。確かに私たちの幼年期は、上述した「反右派闘争」や「大躍進」という政派闘争と、無理な大増産政策に「三年自然災害(4)」まで加わった大飢饉の時代で、少年期は「大動乱」といわれる「文革」の時代、青年期は「上山下郷(5)」の時代であった。そして、70年代からの「工農兵大学(6)」への入学、改革開放直後の大学入試制度の回復を経て、受験者100人に合格者5〜6人という狭き門であった大学入試にチャレンジした世代であるのだから。

恥ずかしい話であるが、小学校のときは言うまでもなく、合計4年半通った中学(7)でさえも「外国語」という科目がなかったので、中学校を卒業して「日本語」に出会うまで、何が外国語かという概念さえまるっきり知らずに過ごした。それが、数え年18歳のときに、社会に出てから偶然に「日本語」という外国語に出会って独学で学びはじめ、そのおかげで1977年の大学入試制度が回復された後の第一期生として、名門中の名門といわれる吉林大学日本語科に合格した（入学は1978年3月）。

1982年1月に卒業すると、否応なく延辺大学の日本語教師にさせられ[8]、日本語を教えるようになったが、教師の仕事には馴染めなかった。馴染めなかったというより、故郷の延辺に戻りたくなかったので、心理的に抵抗感があったのかもしれない。大学院を受験するなどの逃避行を試みたものの、見事に失敗してしまったのだからしかたない[9]。そして、延辺大学に就職してから1年半後の1983年9月に、通称「大平学校」（本書所収第Ⅱ章41～42ページ、第Ⅲ章86～91ページ）と呼ばれる「在中国日本語研究センター[10]」で第四期生として1年間の日本語の研修を受け、それから4年数か月後の1989年に日本に行って、まるまる18年間を日本で過ごした。その後、ちょうど「天命を知る」年の2007年2月、再びもともと奉職していた延辺大学に戻って日本語を教えることになったのである。

それから3年後の2010年に、またもや偶然の機会を得て、北朝鮮の最高学府である金日成総合大学の「通信博士コース」の学生となり、4回も足を運んで短期滞在した。また、定年後[11]は中国浙江省紹興にある浙江越秀外国学院という私立大学に行き、1年半ほど日本語を教え、2019年3月からは、韓国釜山にある新羅大学で日本語を教えることになり、現在に至っている。まさに中国、日本、韓国と北朝鮮の東アジアの4か国を股にかけて、学習に、研究に、と狂奔してきた半生であると言えよう。「日本語」という言葉に偶然に出会い、半世紀近くそれと関わって生きてきたことになるが、そもそもこうなるとは夢にも思わなかった。今考えてみれば、目に見えない神様のいざなうままに手を引かれ、素直に一歩一歩と歩を進めたことで、知らぬ間に「日本語との半世紀」の道のりを辿ってきたとしか言いようがない。

以下に自らの経歴を記すが、私のライフストーリーから、中国をはじめとする日本、韓国、北朝鮮における日本語教育と研究について、断片的ながらも俯瞰することもできるのではないだろうか。

2 中国における改革開放初期の日本語教育

(1) 改革開放前の日本語教育

中華人民共和国が成立したのは1949年10月1日であるが、同年に全国の高等学校[12]で日本語学科を設けていた大学は北京大学と洛陽外国語学院[13]の2校のみであり、1954年まで日本語学科の学生を募集した4年制大学は北京大学1校だけとされている（伏2013:43）。

その後、北京外貿学院[14]、外交学院などに相次いで日本語学科が設立され、文化大革命の始まる1966年までに日本語学科が設立された大学は14校だったという（伏2013:44）。また、外国語教育機関として「全国首批七所外国語学校」（全国で初めて批准された7校の外国語学校）が文革前の1960年代はじめに設立され[15]、その一部の学校では日本語教育を実施したとも言われているが、その確証はない。

しかし、1966年5月に文化大革命が始まると、[16] 同年の学生募集が停止となり、その後数年間は学生を募集しなくなったので、大学はほとんど大学としての機能を喪失した。そして、その4年後の1970年から一部の大学でいわゆる「工農兵大学生」（2年制または3年制）を募集し始め、文化大革命が終わる1976年まで合計94万人を募集したとされている。つまり、1966年から1976年までの11年間、高等学校の受験制度は停止されていたか、厳格な入試制度がなかったので、その間あるべき高等学校教育が行われたとはとても言い難いのだが、[17] それでも、こうして整理してみると、中華人民共和国が成立した1949年から文化大革命が幕を閉じる1976年までのおよそ27年間、断続的で数少ないながらも、中国の高等教育において日本語教育が細々と継続されてきたことがわかる。

(2) 改革開放直後の日本語教育と研究

1976年に四人組が倒れ、[18] 文化大革命が終焉した翌年の8月に、大学入試制度が回復されたといわれている。[19] そこで、急遽1977年12月に全国各地で大学入試が実施されたが、これは試験制度の回復が公布されてからおよそわずか40日後に実施するという異例な措置となり、実際の入学も半年遅れての1978年3月となっていた。[20] 11年間も停止されていた大学入試を早急に回復することが、どれほど切迫した課題であったかを物語るエピソードの一つである。もし、朝鮮族の来日を取り上げて論じようとするならば、中国全体がこのようであったことを踏まえて、中国人の来日プロセスという一般的な流れのなかで、朝鮮族との異同に配慮したきめ細かな議論をする必要があるだろう。

大学入試制度が回復された後の第一期生は、77年度の学生という意味で「77級」と呼ばれ、第二期生の78級からは通常どおり9月入学となった。つまり、「77級」と「78級」は入学・卒業ともに半年しか離れていない。因みに、「77級」は受験生570万人の中で合格者27万3000人（4・8％）、「78級」は受験生610万人の中で合格者約40万人（7％）という激しい競争の入試だったという。[21] 私も合格率4・8％の「77級」のひとりに伍した者であるが、いまさらながらそれはほぼ百パーセント、日本語を独学で学んだおかげであったとしみじみと感じている。

ところで、文化大革命のさなかの1960年代後半、私は小学校5年生だったが、学校全体が休校になっていた。半年くらい毎日家でぶらぶら遊んでいたところ、1969年末か1970年初めに、通っていた小学校で「紙切れ」（入学通知書）を1枚渡され、1970年2月に何のことだかわけもわからないままバタバタと中学入学ということになった。

このように、家から歩いて1時間もかかる中学に入学したものの、まともに勉強しようとする学生も少なく、欠席や遅刻は日常茶飯事で、途中で学校に来なくなったり、あっさり辞めてしまう人も一人や二人ではなかった。私は成績のほうはまあまあよかったものの、4学年のときに足にぶつぶつができては破れるというちょっとした病気にかかったこともあり、どうしても学校に行くのが嫌になり、ある日から突然学校に行かなくなった。それで、すぐ上の兄からなぜ行かないのかと散々叱られて何度も泣かされたのだが、それでも当時は最後まで頑として学校に行かなかった。いまから50年も前の話なので、はっきりとは覚えていないが、おそらく半年か1年近くは休学したのではないかと思う。

もちろん、そのように学校に来なくなる学生たちを、学校では復学させようとした。担任の先生が各家庭を訪ねてまわり、復学するようにと勧めたものの、ほとんどの人がそれを馬耳東風で聞き流して相手にしなかった。結局、私一人だけが卒業前の最後の学期に復学し、中学校の卒業証書をもらった。将来、どこへ行くにしても必ず卒業証書が必要だという担任の李ポカップ（리보갑）先生の話に心を動かされたのかもしれない。李先生には感謝の限りである。

そして1974年6月、中学校を卒業すると、両親が農民だったので私も村で農作業に従事することになった。農作業をしだして半年ほどたったころ、生産大隊[22]の出納係として推薦を受け、大学に入るまでの約3年間ずっとその出納係の仕事をした。そんなある日、たまたま遊びに行った村の上海集体戸[23]で、運命的に日本語雑誌『人民中国』[24]に出会った。そして生まれて初めて、「日本語」という、漢字に虫みたいな記号の混ざっている文字を目にして、驚愕した。世の中にはこのような不思議な言葉もあるものかと、妙な感動さえ覚えたことをいまだに記憶している。それがきっかけで、雑誌の持ち主で後に義父となる石熙満画伯[25]から日本語の手ほどきを受け、その後また「英語」という外国語があることを知って、昔、中学校で英語を習ったことがあるという人を見つけて簡単な発音だけ教えてもらい、日本語と英語の両方を独学で学び始めた。石熙満画伯は、朝鮮の茂山に生まれて戦前は在満朝鮮人として生き、戦後に中国朝鮮族となった有名な画家で大学の教授である。前述したとおり、当時は大学入試制度もなかったし、大学進学のために勉強するという発想自体がなかった。ただ珍しく面白いという単純な理由で、余暇の時間がありさえすれば、がむしゃらに日本語と英語の本にかじりついて離さなかったのである。活字に飢えていた時代であったことも、外国語を習い始めた大きな理由の一つだったかもしれない。

生産大隊の出納係という仕事は、毎日出勤して机に向かってちょっとした現金の出入りや帳簿の記入、電話の受付、会議の通知などの走り使いなどの雑事だったので、それほど忙しくなく、勉強する余裕は十分にあった。このことも外国語の勉強に没頭できる好条件の一つであった。ただ、今とは違って外国語を勉強するための文法書や辞書などの学習参考書がほとんどなかったし、ラジオもなかった時代だったので、難しい言葉が出てくると調べようもなかった。その打開策の一つとして考え出したのが、中国で出版された日本語版の書籍を購入して勉強することであった。当時、北京外文書店に手紙を書いて、8元という大金を支払って『毛沢東選集』日本語版を4冊送ってもらい（買った当時は気づかなかったが、第一巻は在庫がなかったのか、第二巻から第五巻までの4冊だった）、中国語版の『毛沢東選集』と比べながら一行一行読み進めていった。このようにして、大学入学までに日本語も英語もかなりの量の単語と文法を覚えたが、発音は全く我流であったことを大学に入ってから初めて知った。当時、私は相当内気な性格だったので、最初にちょっと発音を教えてもらっただけで、その後はほとんど教えを請わず、自分流に勝手に発音していたからである。

そうこうしているうちに、1977年から大学入試制度が回復されるとのニュースに接し、一度チャレンジしてみようという気になった。生産大隊の宿直室で宿直がてらに1か月くらい中学で習った教科書を引っ張り出してきて適当に復習し、大学入試に臨んだわけであるが、案の定、外国語を除いた4科目でわずか180点しか取れていなかった。しかも、今でもはっきり覚えているが、数学の点数はたったの28点だった。それはおそらく朝鮮語で受験せずに中国語で受験したことも災いしたのではないかと思う。[26]でも、ずっと後になってから、数学の点数がわずか10点で延辺大学に入れたという同僚の話を耳にして、何かの間違いで大学に合格できたのではなく、あの点数でもまだよいほうだったのだなと、やっと安堵の胸をなでおろした。

(3) 中国日本語教育界の「黄埔軍校」――「大平学校」

改革開放以降、外国語教育を含めて中国全体の教育制度は本来あるべき正常な状態に戻ってきてはいたものの、とりわけ外国語の教師陣は大変に薄弱なものであった。大学入試制度が回復した1977年から1984年までに、中国の4年制大学において合計46大学に日本語学科が設立されたといわれているが、その教師陣は大体が年配者であった。戦前に日本に留学して戦争のさなかに中国に戻ってきた人、中国の東北地方で小学校卒業までの教育を日本語で受けた人、戦前の大学や専門学校で外国語として日本語を習った人、ロシア語や他の専攻から日本語に鞍替えした人、軍隊でラジオなどを通して日本の情報収集をしていた退役軍人、日本人残留婦人などで、正規の日本語や日本語教育を専門として習った教師はほとんどいなかった。

そんななか、1978年8月12日、日中平和友好条約が北京の人民大会堂で調印され、それをきっかけに、経済のみならず、両国の文化・教育・学術・スポーツなどの分野における交流の道が開かれた。その一環として「大平学校」が誕生したのである。日本で大平正芳内閣が誕生したのは1978年12月7日であるが、1979年12月に大平首相が訪中した際に、「対中国日本語研修特別計画」の実施が正式に決まり、1980年8月11日、大平学校が開校した（孫2018:79）。大平学校は1980年8月から1985年7月まで5年（5期）ほど続いた。毎年120名が4クラスに分けられ、北京語言学院[27]で約1年間の研修を受け、そのうちの1か月間は訪日研修を行うというプログラムだった。研修生の総数はおよそ600名にのぼり、当時（1981年3月）の中国における高等学校で教えていた日本語教師の数から言えば、およそ3分の1に相当する。

大平学校の教師は全員日本の各大学や研究機関から派遣されてきた日本語教育の専門家やその他の分野の錚々たるメンバーであった。たとえば、大平学校の設立から終了するまでの5年間ずっと主任教授を務めた佐治圭三先生（大阪女子大学教授）をはじめ、金田一春彦先生（上智大学教授）、木村宗男先生（早稲田大学教授）、国松昭先生（東京外国語大学教授）、武部良明先生（早稲田大学教授）、林大先生（国立国語研究所所長）、宮地裕先生（大阪大学教授）、野元菊雄先生（国立国語研究所日本語教育センター長）、坂倉篤義先生（京都大学名誉教授）、坂田雪子先生（東京外国語大学教授）、奥津敬一郎先生（東京都立大学教授）、水谷修先生（名古屋大学教授）などがいる。教鞭を取った者は、5年間で合計91人（延べ120人）にのぼる（孫2018:123）。

大平学校の600人近い研修生たちは、その後、中国における日本語教育の第一線で大きな役割を果たしただけでなく、日本の教育機関やその他の分野でも幅広く活躍し、中日文化交流や日本語教育において多大な貢献をしている。中国国内で「日本語教育界の黄埔軍校」と言われるゆえんである。

私も延辺大学に赴任してから1年半後の1983年8月から1984年6月まで、大平学校の第四期生として北京外国語学院で1年間研修を受けることになった。そのうち1か月間（1984年1月末から1か月間）は日本での実地研修が実施され、それで初めて日本の土を踏んだのである。当時、4年制大学を卒業後、大学教師になった「助教」の月給はわずか56元（当時のレートでおよそ700円くらいであったと思う）で、外貨など見たこともなかったし、外国に行くなど到底考えられないことであった。だから、そのときの感動ぶりがいかばかりであったかは自ずとわかってもらえると思う。その1年間は、本当にいろいろなことが学べ、その後の学問研究もおそらくこの1年間の研修と切り離しては考えられないことである。

中国の高等学校における日本語教育の発展過程において、もう一つ取り上げなければならないのは、大学入試制度が回復されてから間もない頃に刊行された日本語関係の専門誌である。今ではもはやほとんど忘れ去られ、その存在さえも知る人は少ないが、当時、湖南大学の周炎輝教授が主編（編集長）だったと記憶している『科技日語』[28]、商務印書館発行の『日語学習』[29]（1989年休刊）、そして、1979年からいままで40年以上も続いている北京対外経済貿易大学発行の『日語学習与研究』などがある。日本関係の本がほとんどなかった当時において、全国の日本語学習や研究に資するところが大きかったと思われる。

その中で、『科技日語』には科学技術に関する一般知識の紹介や、それに関する短い論文しか掲載されていなかったが、『日本語学習与研究』と『日語学習』には、日本語学習や教育に関する論文も多く掲載されていた。それで、私も大平学校修了後に投稿してみたいという強い気持ちが生まれ、この二つの雑誌に論文を書いて投稿するようになった。

論文掲載後まもなくして雑誌社からお金が送られてきて、生まれて初めて原稿料というものをもらい、嬉しくて踊らんばかりだった。その原稿料も当時の給料から考えれば相当な金額で、専任講師の月給が96元だった時代に、[30] 1万字くらいの論文だと100元以上の原稿料が出た。それ以来、私は文字通りに一生懸命論文を書きまくって両誌に投稿を続けた。[31] それで、1986年から1989年に日本に行くまでのわずか3、4年の間に、『日本語学習与研究』誌に12本、『日語学習』誌に7本、その他の雑誌に5本と、合計24本もの長短の論文を発表した。年平均6本以上の論文を発表した計算になり、原稿料の収入も、平均して1本当たり60元はもらったのではないかと思う。論文の質はともかく、30代そこその一介の地方大学の講師が、3、4年の間に20本以上の論文を発表するというのは大変珍しいことだろう。

3 青春を燃やした18年間の日本生活

(1)日本に行った独特の経緯

1983年、日本への私費留学の門戸が開放されると、まずは大都会の上海から、次は福建省やその他の地方から日本留学に向かう大軍が我先にと進軍ラッパを鳴らした。中国の東北地方は、日本への私費留学ラッシュが比較的に遅く起こり、90年代に入ってからだった。私の勤務先の延辺大学は吉林省延吉市という辺境の地方都市に位置していたこともあり、この地域の人は1980年代前半まで、ほとんどの人が日本への私費留学の情報を全くもっていなかった。私も「大平学校」時代に、1か月間、日本に行ってきてはいるものの、日本留学については無関心だったのか、無頓着だったのか、とにかく日本留学のことはあまり気に留めていなかった。最初から経済的に無理だと思って諦めていたかも知れない。

そんな中、1986年に、義兄（妻の兄）二人が中国残留日本人の家族という資格で日本国厚生省（当時）の国費で日本に行くことになった。1930年代に、義父（妻の父）が日本留学中に日本人女性と結婚し、その戸籍が日本に残っていたらしい[32]。当時、義兄は二人とも未婚だったし、別に心配することは何もなかったので、とりあえず一家の先遣隊として派遣されて行ったような感じだった。私の家族（妻と息子）ももちろん行く資格はあったが、妻も私もちゃんとした職業があったし（当時、妻は幼稚園の保育士だった）、日本に行ってからの生活も心配だったので、すぐには行く決心がつかず、とりあえず様子を見ることにした。その後、日本語教師をするには、やはり日本語の本場である日本に行ってもう少し知識を積んだほうがいいという考えで決意を固め、1989年に私の家族3人と義姉（妻の姉）の家族3人、計6人で北京を経由して日本に行くことになった。義兄たちと同様に渡航費等すべての経費は日本の厚生省が出してくれた。出国手続きのために北京のホテルで数日間滞在した後、「六・四天安門事件」の約1か月前の1989年3月31日に、成田空港に向かう飛行機のタラップを踏んだ。当日午後、成田空港に着陸してから京成線で上野に着くと、ちょうど花見の季節で、上野公園全体が色とりどりのきれいな桜の花に覆われていた。迎えに来てくれた厚生省派遣の通訳の案内で、上野公園の近くの洒落たホテルで1泊し、翌日の4月1日、江戸川区の西葛西にある中国残留孤児自立支援施設の「常盤寮」に旅装を解いた。その日は、先遣隊の二人の義兄が、消費税が上がる前にということでふんだんに買い込んでおいた日本酒やウィスキーを飲みすぎて、翌日、二日酔いで、一日中、家で横になっていたことがいまでも記憶に新しい。そのようにして、日本における、決して短いとは言えない18年間の生活がスタートを切ったのである。

(2) 多忙を極めた両立生活

常盤寮ではおよそ1年、家族で12万円ぐらいの生活費（たぶん、江戸川区からの生活保護だったろう）を国からもらって自炊生活をした。施設の費用はすべて無料だったし、東京都内の無料乗車券もただでもらったので、都営地下鉄や都営バスには乗り放題であった。一日中とくにやることもなく、たまには寮に開設された日本語教室に行ってちょっと覗いてみたりしていたが、中国で日本語教師だった私にはレベルが低すぎて全く面白くなかった。あまりの急激な生活環境の変化で、何をやればいいのかわからず、しばらくの間は方向性を見失ってぼうっとしていた一時期もあった。それからおよそ半年後、常盤寮の生活指導員の紹介で翌年の1990年4月から横浜にあるフェリス女学院大学の非常勤講師として朝鮮語を教えることになり、それと同時に常盤寮から出て自立した。常盤寮から出ることが決まると、自立支援施設が大田区にある40平米くらいの都営住宅を斡旋してくれ、一家3人でそこに居を移して暮らすようになった。

自立してみると、非常勤講師の仕事だけでは一家の暮らしが成り立たず、ほうぼう仕事探しに奔走したが、一般の会社は履歴職を見ると難色を示して、なかなか採用してもらえなかった。そのときすでに34歳だったし、教師の経験以外には何もなかったから、仕事なんかできっこないと思われたのだろう。その後、たまたま朝日新聞の募集広告を見て、ある日本語学校の事務職に応募したところ、すぐアルバイトとして採用してくれた。その後、大学院に入ってからは、非常勤講師、大学院生、事務仕事というふうに、三股をかけて青春のエネルギーを燃やした。

90年代に入って私費留学生の入国審査が厳しくなり、日本語学校が学生を募集しにくくなると、学校の経営にも影響がではじめて、私は事務のアルバイトを辞めることになってしまった。それまで大学院の授業料の支払いと家計を支えてきた主たる収入源が途絶え、その後は飲食店で働いたり、メッキ工場で力仕事をしたり、写真現像会社で夜間の仕事をしたりして、数年間は結構苦しい生活を余儀なくされた。

日本の生活が始まってからちょうど2年半後の1991年10月に長女が生まれたが、当時はまだ大学院に行っていなかったので、一家4人の生活は比較的に安定していた。その後、1990年前後に日本に来ていた延辺大学の教師同士で集まって、いろいろと情報交換をしているうちに、やはり「勉強」というか、「研究」というか、「学問」をやらないといけない、という考えが蘇り、とりあえず大学院修士課程に入って勉強しようと考えるようになった。そこで、横浜国大大学院教育研究科に出願して受験してみたところ、合格することができ、2年間通って修士課程を修了した。

修士課程修了後、横浜国大大学院教育研究科には博士課程がなかったので、国立国語研究所に行って、かつての「大平学校」の先生で、その当時所長を務められていた水谷修先生に1年間、外国人研究員として置いてほしいと懇願して許可していただいた。別に研究費が出ることもない、名目ばかりのような外国人研究員ではあったが、週に1回くらい足を運んで研究所の図書館で資料を調べたりして過ごした。その後もどうしても「学問」に見切りをつけることができず、1996年に、修士課程の指導教授だった鈴木重行先生の紹介で、立正大学大学院文学研究科の博士コースに入り、橋本太郎先生の下で勉強することになった。私立大だったので、入学の際に、入学金と1年分の授業料を合わせて、100万円近くを支払わなくてはならず、妻とも揉めた時期もあった。ところが、1年後に橋本先生は定年退職されることになり、指導教官は当時学科長をやっておられた春日正三先生に換わったが、1年後に春日先生も定年退職されることになり、またもや指導教授を換えないといけない事態となった。在学中の1997年に私はすでに日本の韓国系新聞社である「統一日報社」文化部の記者として正社員になっていたこと、在留資格が「定住」だったので留学生向けの奨学金も申請できず、高額の授業料を全額自己負担で支払わないといけないこと、博士課程を修了したとしても40歳すぎになるから、日本の大学に教師として就職できる道がほぼ閉ざされているように思われたこと、これらの諸々の理由で、結局2年半で自主退学の手続きをして大学院を辞めてしまった。

もちろん、その間、フェリス女学院大学に続き、大東文化大学の社会人向け講座（中国語）、東京工業大学の非常勤講師（中国語）、目白大学の社会人向け講座（中国語）、国際ビジネス学校の非常勤講師（ビジネス日本語）などを兼任していた。その他にも語学教室を開いたり、延辺料理の飲食店をやって、10か月で閉店となる失敗を経験したりしながらも、とりあえず一家の家計を支えてきた。かくのごとく、日本滞在18年の間、正社員として働いたのは統一日報社の2年5か月のみだった。要するに、18年のうち2年5か月を除いてはずっとフリーでやってきたので固定収入もなく、国民年金にも加入する余地がなかった。２００７年に再び中国に戻って復職したのも、日本で年金に加入していないので、老後の生活が心配だったということもその理由の一つだった。

いずれにせよ、日本で十数年間フリーの仕事をして、しかも高額な授業料を支払って大学院に通いながら、よくも4人家族の家計を支えてきたものだと、自分ながら感嘆したくなる。日本における18年間の学習と生活は、帰国してから教育現場や研究に大いに役立ったことは言うまでもない。

4 北朝鮮における学習と研究生活

２００７年2月、延辺大学を離れてからちょうど19年目になる年に、再び元の職場である延辺大学に復職することになり、その翌年の２００８年1月には教授に昇進した。ところで、教授にはなったものの、博士号を持たないのが気になりだした。というのは、１９９２年の中韓国交正常化以降、延辺大学に勤めていた多くの教師や職員が韓国に行って博士号を取得してくるようになっていた。１９８０年代後半から中国国内の大学にも博士コースが設置されはじめ、１９９０年代以降には国内で博士号を取得する者も出ていたし、北朝鮮の金日成総合大学や社会科学院の「通信博士コース」で博士号を取得する者もいて、２００７年の時点で延辺大学には博士号所持者がかなりの人数にのぼっていた。しかも、社会では教授より博士学位取得者が1ランク上といった風潮さえ一部にあったので、(33)何とかして博士号を取得しなければならないと思うようになった。そこへ、北朝鮮の金日成総合大学で博士号を取得してはどうかという話をもらう機会があり、父が生まれたという(34)北朝鮮には一度も行ったことがなかったので二つ返事でその話を受けることにした。それで、翌年の２０１０年の夏休みに、ビザ取得のためにまず瀋陽に向かい、瀋陽から北朝鮮の高麗航空でピョンヤン入りし、計4回にわたる金日成総合大学における「通信博士コース」の勉学を始めたのである。

初回のピョンヤン行きは、２０１０年8月6日から18日までの2週間弱だった。最初の指導教授は60代前半の顔の黒いやせた小柄な人だった。もともと日本語専攻ではなく、ロシア語から鞍替えしたと後になってどこかで聞いたような気がする。初めて会ったとき、博士コースを修了するためには最低6本の論文を発表しなければならないが、君の場合はすでに中国で多数の論文を発表しているから、北朝鮮で2本だけ発表すればこの条件はクリアできるので、とりあえず北朝鮮に滞在する期間中、論文を書いて提出してほしいと言われた。滞在期間中、たぶん3回くらい、この指導教授の先生に会って小論文や卒業論文について、30分か1時間くらい話し合ったが、それ以外のことは何一つ知らない。というのも、論文指導は教室または研究室で個別的にするのではなく、対外事業部（国際交流課）の事務所で行われているので、指導教授も私も同じ部屋で待機している職員が気になってプライベートなことは一言もしゃべれないからである。個人的に指導教授に会うのも、もちろん禁止されていた。それで、初回は短い論文を2本書いて提出してから帰国した。その間、指導教授と一緒に食事をすることもなかった。

二回目は2012年7月から8月2日まで約2週間あまり滞在したが、このとき、私の指導教授の先生は定年退職されたので、指導教授を換えなければならないがどうするか、と対外事業部の担当者から意向を聞かれた。しかし、聞かれても金日成総合大学の日本語講座にはほかにどのような先生がいるかも全く知らないので、すべて一任すると答えると、別の教授を紹介してくれた。それで、金日成総合大学通信博士コースでの、二人目の指導教授が決まったのである。二人目の指導教授は、日本語、英語、中国語、ドイツ語など4か国語をマスターしていると噂されている偉い先生だったが、最初の指導教授と同じように、詳しいことは一切知る由もなかった。今度も一回目の滞在のときと同じように、滞在期間中に3、4回くらい例の事務所で会って論文のことについて30分くらい話し合い、短い論文を2本書いて渡した。その他にも日本で書いた修士論文やその後に発表した日本語の論文をメモリースティックに保存して手渡した。博士論文を書くための参考資料も含まれていた。北朝鮮では博士論文にも随所に金日成・金正日語録を散りばめないといけないのだが、それは私のような外部の者には到底できない離れ業だった。そこで、論文の大体の構成や内容だけ書いて指導教授に渡せば、きちんと金日成・金正日語録を入れて北朝鮮式の書き方で整理してくれるということになった。

三回目の滞在は、それからまた2年後の２０１４年10月2日から9日までの短い期間だった。国慶節（中国の建国記念の日）の休みを利用しての旅だった。今回も同じように論文を２本書いて提出してすぐ帰国した。これらの論文の中で、４本はそれぞれ、金日成総合大学出版社から出版されている『外国語研究』という専門誌の33号、34号、36号と、『金日成総合大学学報（語文学）』に掲載されたが、残りの２本はどうなったかわからない。とにかく、これで博士コースの修了条件である６本の論文はクリアできたことになる。

次の四回目の滞在は、翌年の２０１５年6月15日から21日までで、三回目と同じような短期滞在だったが、主として博士論文の最終の仕上げと印刷の話し合いだった。そのとき、指導教授の先生から、結論の部分を除いた、未完のおよそ３００数頁に達する「博士論文」をメモリーで渡された。一度確認してから、むすびの部分をどう締めくくればいいか、私の考えを聞きたいとのことだった。そして、中国に戻ったら参考文献を整理して送ってほしいと言われた。

そこで帰国後、早速参考文献を整理して金日成総合大学対外事業部のメールアドレスを通じて、指導教授の先生に送ったが、届いたかどうかはわからない。ともかく、これで博士論文が完成し、翌年印刷が出来上がり次第、もう一度ピョンヤンに出向いて、博士論文の答弁（口頭試問）に臨み、朝鮮民主主義人民共和国国務院から授与される博士学位をもらう段取りになっていた。(35) ところが、翌年の２０１６年春に、対外事業部の担当者が仕事の関係で延辺に来た際にホテルに訪ねて行ったところ、指導教授の先生が亡くなったという訃報とともに、博士コースを続けるかどうか私の意向を聞いてきた。あまりにもショッキングな知らせだったので、その場ですぐどう答えたらいいのかわからず、ちょっと考えさせてほしいと言うのが精一杯だった。このようにして、私の手元には300数頁の未完成論文が残ったまま、博士学位の取得には至らなかった。

結局、学位の取得はかなわなかったものの、4回にわたる40数日間のピョンヤン滞在は、これまで全く知らなかった北朝鮮の一般人の生活や学術研究についてある程度知ることができて、得たものも少なくなかった。滞在期間の宿泊はいずれも金日成大学から大通りを挟んで向こう側にある5階建ての学生寮で、留学生の場合は1部屋に2人、教師の場合は1部屋に1人だった。食事も寮の1階にある留学生専用の食堂で食べたが、一般留学生と同じようにすべて無料だった。建物の1階から3階は留学生、4階と5階には同大学博士院(36)の学生が住んでいたが、3階と4階は板で仕切られ、入り口も別に設けられていた。また、滞在期間中、指導教授と会う約束がないときは、一人でぶらぶら遠くまで市内を歩いたり、夜は大学周辺にある飲食店でよく大好きな生ビールを飲んだりした。日本の生ビールよりは味が劣るものの、中国の生ビールよりはずっと美味しくて安かった。

一方、北朝鮮全体の大学における日本語教育事情については調べようがないので詳らかではないが、日本語学科のある大学はピョンヤン外国語大学のみで、ほかの大学では日本語を教養科目としてしか教えないようだった。当時、金日成総合大学でも、日本語教師が日本語を指導しながら、中国語の授業も受けもっているという話を聞いた。日本関係の論文も参考資料がほとんどないので、あまり研究が進んでいないような印象を受けた。しかも、文系の論文は長くても4、5頁程度で、注釈も一切つけていないことに異様な気がした。一般論文のみならず、学位論文でも一切の注釈を付けないのが、北朝鮮の論文執筆の形式であるようだった。

5 韓国日本関連学会での研究活動と現在

私が初めて韓国の土を踏んだのは1991年だった。ソウルに妻の叔母といとこたちが住んでいたので、妻の兄弟を含めての家族での旅行だった。当時は日本に居を構えていたので、日本からの韓国入りだったが、入国審査の際に審査員にいろいろなことを根掘り葉掘り質問され、まるで尋問を受けているような気持ちがしたことを覚えている。韓国への入国前に、韓国では朝鮮族であると言わない方がいいと妻の兄弟たちに言われていたので、係員の質問に中国語で答えたところ、中国語の通訳まで呼んでくるという騒ぎとなってしまったのである。二回目は「第二回世界韓民族大典」に参加したときだった。1988年にソウル・オリンピックが開催され、その2年後の1990年から、各国に散在している朝鮮民族を招待して運動会が開催されるようになった。私の二回目の韓国訪問は、当時日本にいた延辺からの留学生とその家族10数人で、在日本大韓民国民団を通じて、その代表の一員として韓国入りすることになったのだが、一回目のときと全く違って、パスポートもろくに見ないで通してくれた。

それから十数年が過ぎて、再び韓国に行くようになったのは、学会参加のためだった。私は2007年に延辺大学に復職し、その2年後の2009年から2年おきに「中日韓朝言語文化比較研究国際シンポジウム」を開催してきた。2017年8月に第五回までそのシンポジウムを開催して定年退職したが、その間、中国の日本文学研究会と中日対照言語研究学会の学術大会も引き受けて延辺大学で開催したので、およそ10年間で合計7回の国際シンポジウムを開催したことになる。また、シンポジウム開催後はシンポジウムで発表された論文を投稿してもらい、『日語語言文化研究』というタイトルで第一期から第五期まで（いずれも上下2冊）、延辺大学出版社から出版した。しかし、中国では上記のような論文集自体も、論文集に発表された論文も、職位昇進のときは一切認められず、認められるのは、中国で学術レベルを判定する際の基準とされる「C刊」（Chinese Social Sciences Citation Index）に掲載された論文のみである。[37]この基準は大学全体や学院（学部）、学科評価の際にも適用されるが、これらの学術誌に日本語関係の論文を発表するのは、天の星を取ってくるようなものだった。王（2017）によれば、中国の大学で教えている日本語教師1万7000人の中で、日本語学関係専攻の教師は約1万1900人であるが、ここ5年間で、この「C刊」に発表された論文数は合計わずか198本である。平均1983人が1本を発表した計算になるという。そんななか、偶然に耳にしたのが、延辺大学では韓国の学会発行の「登載誌」や「登載誌候補」（Korea Citation Index、KCI）に発表した論文もC刊論文として認めるという話だった。そこで、韓国の学会に発表に行ったり、学会誌やその他の「登載誌」に日本語の論文を投稿したりするようになり、2012年から『Language Information』（高麗大学言語情報研究所）、『日本学研究』（檀国大学校日本研究所）、『日語日文学研究』（韓国日語日文学会）に15本くらいの論文を発表した。現在、韓国には日本語学、日本語教育、日本文化や文学関係の学会だけで7つもの学会があり、韓国の日語日文学会や大韓日語日文学会など、学会によっては学会誌を年に4期も出している。韓国の大学や短期大学の専任教員数の399人（趙2019）という割合から考えれば、論文を発表できる競争率は、中国の状況を勘案する限りでは、相対的に低いように思われた。とはいえ、韓国における投稿論文の審査は結構厳しく、当初は投稿してから査読者の修正意見を受け取って、ショックを受けたことがある。中国と比較してみた場合、学術に対する態度は全体的に緻密で公正であると感じた。

韓国で発表したこれらの成果は私個人だけでなく、延辺大学日本語学科の博士コース設置申請にも大いに役立ったことは言うまでもない。また、学術大会における学術交流を通じて、韓国のこの分野の先生と昵懇（じっこん）の間柄となり、そのような縁で、2019年3月から、韓国での生活が実現した。しかも日本語の教師として、である。日本語とはいつまでたっても縁が切れそうにない。

6 むすびに代えて

紙面の制約もあり、粗削りではあるが、私自身のライフストーリーを、中国をはじめとする日本、北朝鮮、韓国における日本語教育と研究に焦点を当てて、それに関連するエピソードをまじえながら断片的に書き綴ってみた。このように東アジアの4か国を股にかけて闊歩できたのは、一つは中国で朝鮮族として生まれたこと、二つめにはあのアブノーマルな時代に独学で日本語や英語を学んだからに他ならない。前者は偶然の産物で選択の余地がなく、後者は人為的なことによるものであるが、人為的なことも偶然やその環境が整わなければ成り立つ可能性がうんと低くなる。

２０１９年９月、東京の家に帰るときの日本入国審査の際、パスポートを出したところ、審査係はいかにも怪訝そうな顔付きをして、「韓国に住んでいますか」と聞いてきたが、おそらく中国の国籍で日本の永住権を持ち、しかも韓国の居住カードまで所持していたからだろう[38]。

とにもかくにも、偶然にこの世に生を享け、偶然に日本語に出会ってそれを学び、日本語を教えたり研究したりと、常に日本語とともに半世紀を過ごしてきたのは、奇跡とは言えないまでも、やはり奇縁である。

最後に、韓国の新羅大学の日本語教師に就任すると同時に、同大学の日語日文学科の博士コースに入り、私にとっては三度目となる博士号取得にチャンレンジすることになった。学士号は生まれた国の中国で、修士号は第二の故郷とも言える日本で、博士号は祖先の国である朝鮮半島で（取得できればの話であるが）、というのもやはり何らかの縁であろう。これからも、力の及ぶ限り、東アジアで日本語とともに人生を生き続けていく所存である。

【注】

(1) １９５７年、当時の中国国家主席だった毛沢東によって発動された反体制狩りを指す。この政治キャンペーンにより、１９５８年、55万人の右派が辺境への労働改造や失職などの憂き目に遭い、あるいは死亡したとされる。中国の第五代の総理となった朱鎔基も１９５８年４月に右派分子の烙印を押され、党籍を剥奪されたという経緯がある。

(2) １９５８年から１９６１年までの間、中国で施行した農業と工業の大増産政策であるが、当時の実情に合わない誤った政策により数多くの人が餓死したといわれている。

(3) 毛沢東の主導によって１９６６年から１９７６年まで10年間続いた「大動乱」とされる革命運動。この10年間、武力闘争も交えた戦いや破壊によって政治、経済、文化、教育などすべての分野にわたってめちゃくちゃになり、中国の正常な発展を後退させた。

(4) 1959年から1961年にかけて中国全土では大干ばつに見舞われ、数千万人の餓死者が出たといわれている。

(5) 1968年12月22日、『人民日報』が「若者たちは貧しい農民から再教育を受ける必要がある」として、都市に住む中学生、高校生などは農村に行って働かなければならないという毛沢東の指示を報じ、その指示にしたがっておよそ10年にかけて行われた運動。

(6) 1971年から1976年にかけて、労働者、農民、兵士(軍隊)の中から地元の「革命委員会」(当時、実際権力を握っていた地方の行政組織)の推薦を受けて、20歳前後の若者たちが大学に入学した。その中には試験を受けて入った人、地方政府から派遣されてきた人、コネで入ってきた人など、様々なケースがあり、学制が2年または3年で短かったことと、大学での授業を理解するのに必要な基礎知識がないままに入学した者もいて、そこでは十分な大学教育を受けることができなかったのではないかと思われる。

(7) 当時は学校教育制度上、高校という概念がなく、中学校と高校を含めて「中学」と称した。私は当時、吉林省龍井県老頭溝というところにある「老頭溝第七中学」に通った。

(8) あの当時は「国家統一分配」という国の政策によって、卒業すると、国家教育委員会が指定した部門に配属されることになっていた。本人には職種や職場を選択する自由がほとんどなく、私は延辺大学に配属された。

(9) 唯一の逃げ道は大学院の修士課程に入ることだったが、入試制度が回復された直後だったこともあり、日本語学科で修士課程の学生を募集していた大学は数校しかなく、募集人数も一校でわずか2、3人であったうえに、入試科目も5科目で、その5科目とも60点以上でないと不合格というシビアな試験だった。私は卒業の際に母校の修士課程の試験を受けたが、平均点数は60点を超えたものの、2科目が60点未満だったので受からなかった。それで、翌年に武漢大学を受けたが、また1科目(英語が48点)が不合格で脱出に失敗した。

(10) 「大平学校」という名は日本での通称で、正式名は「在中国日本語研究センター」という。中国における通称は「大平班」、正式名は「日語教師培訓班」である。

(11) 中国ではふつう60歳で定年退職することが法律で決められているが、私は1年延期して2017年12月に定年退職した。

(12) 中国の高等教育にはふつう大学、専門学院、高等職業技術学院、高等専科学校などが含まれている。２０１９年６月15日現在、中国の高等学校は合計２９５６校で、そのうち普通高等学校２６８８校（独立学院２５７校を含む）、成人高等学校２６８校であるという。中華人民共和国教育部（http://www.moe.gov.cn/jyb_xxgk/s5743/s5744/201906/t20190617_386200.html）

(13) ２０１７年に、「中国人民解放军战略支援部队信息工程大学（Information Engineering University）」と改名した。

(14) １９８４年に「対外経済貿易大学」と改名し、現在に至っている。

(15) １９６２年に設立された広州外国語学校、１９６３年に設立された長春外国語学校、重慶外国語学校、上海外国語大学付属外国語学校、１９６４年に設立された天津外国語学院付属外国語学校などである。

(16) ５月16日、中央政治局拡大会議で可決された『中国共産党中央委員会通知』が文革の始まりとされている。

(17) 大学ではないが、私も小学校５学年のときに何の理由もなく半年くらい休学させられ、１９７０年の年明けにいきなり中学校に行けと言われ、同年２月に登校通知をもって中学校に行った。ということは１９７０年から学校教育がある程度再開されたのではないかと推定される。

(18) １９７３年８月、党中央政治局委員であった江青、張春橋、姚文元、王洪文ら４人からなる反党グループであるが、一時期、党中央で大きな権力を握って我が物顔で振る舞っていたものの、１９７６年10月逮捕され、１９７７年７月の第10期３中全会で、党籍を永久剥奪された。

(19) 鄧小平が２０１７年４月、自ら人民大会堂で全国から集まった33人の著名な科学者、大学教授や教育部門の責任者たちと座談会を開き、その場で大学入試制度の回復を決定したという。それから間もない10月21日、『人民日報』などのメディアで大学入試回復に関する社説が発表され、12月から全国で大学入試がスタートした。

(20) 中国では、日本や韓国と違って、すべての学校教育において入学は９月初めである。

(21) 「77級」と「78級」の 試験問題はその準備が整っていなかったこともあって、各省の教育部門で出したという。私の記憶では、「77級」は「外語」（外国語）科目は一般科目を受験した後、数日経ってから県政府の所在地に集まって受験した。私自身も普通科目は母校の「老頭溝第七中学」で試験を受け、その後しばらく経ってから、外国語試験は当時の龍井県県政府所在地の龍井に行って受験した。

(22) 当時、中国農村の行政管理機構として人民公社、生産大隊、生産隊という三つのレベルに分けられていた。生産隊は自然村落における40～50ほどの世帯をまとめたもの、生産大隊は生産隊をいくつか合わせたものである。

(23) 文革のとき、上海から「下郷」してきた「知識青年」の住居。その他の地方からの「知識青年」もいたので、「上海」という都市名をつけて区別した。

(24) 1949年に、中国のことを諸外国に知ってもらうために中国人民出版社から発行された広報誌で、日本語版は1953年から発行されたという。

(25) 1930年代に日本に留学して絵を学び、日本で日本人女性と結婚したのち、中国に戻って旧満州国政府で仕事をしていた。1950年に延辺大学に招請され、延辺芸術学校の副学長などを歴任した有名な画家である。2003年に他界（享年89歳）した。

(26) 少数民族のいる地域ではふつう中国語クラスと少数民族クラスに分けて授業が行われており、私は4年半ずっと朝鮮語クラスで勉強していたので、とりわけ数学のような理科系の概念や用語は中国語ではまったく接したことがなかった。もちろん、教師による授業もすべて朝鮮語で行われた。しかし、志望校を吉林大学1校のみにしぼったので、前出の李ポカップ先生の強力な勧めで中国語で受験したのである。

(27) 1996年6月に「北京語言文化大学」に変更され、2002年から「北京語言大学」と簡約されている。

(28) いつから発行され、いつまで続いたのか、管見の限り不詳である。

(29) この定期刊行物も発行年は不確かであるが、70年代末期か80年代の初めに刊行されていたと推測される。

(30) 当時は大学を出て大学の教師になると、最初は「助教」、5年後に「講師」になることが通例であり、私もそれに基づいて大学を卒業して5年後の1987年に講師に昇進した。

(31) いま考えると、ある文章については、論文かどうか怪しいのだが、とりあえず掲載してくれるだけで原稿料がもらえるし、年末になると研究実績としてボーナスも出たので一石二鳥と当時は認識していた。

(32) 当時の日本の戸籍関係については詳らかではないが、義父が日本留学中に日本人女性と結婚した際に「中村」姓を名乗り、戸籍にその記録が日本に残っていたらしく、妻の兄弟5人も日本に行ってからみんな「中村」となった。

(33) ずっと後になって、紹興にある私立大学に行った時も、私が博士号を取得していないことを理由に、私の月給は博士学位を持つ教授や教師たちより2000元（約3万円強）も少なかったのである。

(34) 父は1911年生まれであるが、8歳のときに祖父に連れられて中国に渡ってきたという。

(35) 北朝鮮では博士学位の授与資格は大学にはなく、国務院総理府で直接授与するという。

(36)日本の大学院に相当するが、修士・博士の区別なしに、修了したら「准博士」または「博士」号が授与されるが、博士号所持者は非常に少ない。

(37)この厳しい基準のため、延辺大学では、英語学科は２０１０年度から博士コースの申請が許可され、学生を募集し始めることができたが、日本語学科は研究実績未達で２０１４年末になってやっと許可され、２０１５年度から博士コースの院生を募集し始めた。

(38)私の韓国における在留資格は「在外同胞（Ｆ－４）」である。

【参考文献】

（日本語）

孫暁英、２０１８、『「大平学校」と戦後日中教育文化交流』日本僑報社

趙大夏、２０１９、「韓国における日本語教育の現状と課題」『第二回東アジア日本学研究国際シンポジウム』における基調講演

（中国語）

伏泉、２０１３、『新中国日語高等教育歴史研究』上海外国語大学博士論文

王忻、２０１７、「対１７０００名日語教師而言、Ｃ刊公平吗?」『東亜評論』第１期、山東大学（威海）東北アジア研究院

補論

日本における朝鮮族コミュニティの変遷と定住化
――2015年調査を中心に

権香淑・金雪・呉泰成

1 はじめに

(1) 研究の背景と問題意識

2018年末現在、日本で外国人登録をしている中国人は76万4720人に及ぶ[1]。その数は長らく最大の外国人であり続けた韓国・朝鮮人数を2007年には上回り、在日外国人総数の約3割を占めるまでに増加した。この中国人のうち、戦前から居住する「オールドカマー」(老華僑)は言うまでもなく、1980年代以降に急増した留学生を中心とする「ニューカマー」(新華僑)も、既に30年以上の滞日歴を備えて定住化の傾向にある[2]。首都圏、とりわけ「池袋チャイナタウン」と呼ばれる地域での集住化、自営業を含むエスニック・ビジネスの展開、団体設立など組織化の様相は、研究者はもちろん一般の人々やマスコミからも注目されるほどに可視化されつつある(山下 2010; 田嶋 2010)。

以上のような在日中国人、とりわけ「新華僑」と呼ばれる人々のなかには、中国朝鮮族が少なからず含まれる。そして、その朝鮮族にもまた、在日中国人研究において指摘されてきた定住化の傾向が見られる。国費留学生に始まり、私費留学生、IT技術者とその家族などの来日を経てコミュニティが形成される流れは、在日中国人に一般的にみられる現象である[3](Liu-Farrer 2011)。しかし、そのような一定の共通性を踏まえるにしても、朝鮮族をもっぱら在日中国人という総体の一部としてのみ把握し、その来日の経路や定住化の様相を捉えるのは、軽率の誹りを覚悟しなくてはならないだろう。56の民族（概数で人口の9割に相当する漢族と1割にあたる55の少数民族）で構成される多民族国家――中国の政治的、社会的状況を踏まえると、独自の歴史的経緯によって中国国家の一少数民族となった朝鮮族を、中国人のナショナルな枠組みに還元して理解するには相当に無理がある。表面的な理解は促すものの、むしろそのことによって大きな誤解を招きかねない。先行研究ですでに指摘されてきた朝鮮族の諸々の特徴を抜きにして、「新華僑」と同じく日本社会への定住化を論じるのは極めて不適切なことである。

　であるからこそ、改めて朝鮮族が備える特徴としての歴史的および文化的与件を確認したうえで、日本への定住化を論じる必要があろう。移動と定住をめぐる朝鮮族の特徴として、先行研究では、何よりもまず人的資本、文化資本、社会関係資本、そして日本、韓国、中国との密接な関係のなかで紡がれる親族ネットワークなどが指摘されてきた（권향숙 2011,2012,2013,2016; 権 2006,2011,2014,2015）。なかでも質的調査研究においては、例えば三つの言語を駆使しうることが就職や社会適応を促進する要因として明示される（권향숙 2013:76-77）一方、量的調査研究においても、朝鮮族同士や親族ネットワークが極めて活発に展開されていることが確認されてきた（権・宮島・谷川・李 2006; 原尻 2006）。しかし、これらの特徴が指摘されるにとどまり、朝鮮族の日本における定住化についてはさらに踏み込んだ探索はなされていない。例えば、在日中国人（漢族）との異同、経路の差異などについてはほとんど言及されることはなかった。また様々な意味で実に多様な在日朝鮮族の中で、どのような属性を持つ者が定住を指向し、また逆に帰国の意向をもつのかなどについては関心が向けられることなく、もっぱら全体的な傾向のみが指摘されてきた。

(2) 研究目的と研究課題

本章は、以上のような問題意識に基づき、これまで、在日中国人研究の枠組みにおいては朝鮮族の独自性には配慮がなされず、また朝鮮族研究の枠組みにおいてはもっぱらその特徴が指摘されるに留まってきた研究状況に鑑み、両者を補完し総合的に考察することを目指す。そのために、朝鮮族の定住化とトランスナショナルな諸相から、独自のエスニシティを背景とした朝鮮族の特徴的要素と、彼ら彼女らの個々の属性別にその実態を捉えつつ、量的調査に基づいた結果を分析・考察する。

これにより、先行研究の成果を再検討する試みの一部を提示するとともに、在日中国朝鮮族社会の実像を捉えるべく努めたい。その際、ある時点における定住志向というものが恒久的な定着を必ずしも意味せず、そのほかの国への移動、あるいは逆に帰国へと至る過度的な選択である可能性を視野に取り込む。本章は総じて、朝鮮族固有の特徴的な要素にこだわりつつ、それを単に抽出するにとどまらず、そのような特徴が定住局面にどのような影響を及ぼしているか、また、今後の在日中国朝鮮族の社会のどのような変化への駆動力となる可能性を内包しているのか、その輪郭を提示することを最終的な課題とする。

(3) 2015年調査の概要と意義

このような課題に取り組むために、本章では、2015年に都内で行われた朝鮮族運動会を通して実施した調査(以下、2015年調査とする)を活用する。[4] 日本の朝鮮族運動会は、これまで個別の団体が主催する形で行われてきたが、２０１５年には、初めて七つの団体による共催という形で行われた。主催者側の発表によると参加者は在日朝鮮族のこの種のイベントでは最大規模のおよそ１５００人にのぼった。本調査は、実行委員会を構成する諸団体の承諾を得て、事前に申請・登録された運動会参加申請者および参加者約６００人のメールアドレスと、共同主催の団体ホームページ、もしくは団体内のＳＮＳグループに対し、２０１５年10～11月に電子媒体の調査票を転送・回収した。調査票の項目作成は、主催者側の要望を踏まえつつ、２００１年および２００５年調査の先行研究（權・宮島・谷川・李 2001; 權 2006, 2011）を参考に作成した[5]。また、Google form が提供する調査用システムを活用し、回収された回答のうち、２３２件の有効回答をコーディングし、spss/pc+ 統計処理パッケージを利用して分析を行った。

周知のとおり、日本の朝鮮族の総数を公的資料で把握するのは不可能であり、約５万人から10万人といった甚だしく幅の広い推定値が提示されてきた。したがって、調査対象を網羅した全数（悉皆）調査はもとより、調査対象の一部に限って調査し、そこから母集団の特性を推測する標本（一部）調査にも限界があることを否定できない。先行研究においても同様の指摘がなされてきたが、２０１５年調査もまた、日本の朝鮮族の母集団を確定しえないという致命的な限界を免れているとは言えない。ただし、七つの共催団体による運動会への参加者を中心に調査が行われた経緯から、次の三点において、独自の価値を有すると考えている。

第一に、有効回答が２３２件に達し、既存の先行研究における40～１６４件と比べ相当に規模が大きいという点である。第二に、共催団体である朝鮮族諸団体の会員はもちろん、それらの団体に属さない69人（複数回答比率で30・7％）の回答が含まれている点である。第三に、家族参加の回答者数が171人（75％）と多数を占めている点である。以上をまとめると、2015年調査は、代表性に乏しいために分析結果を一般化しがたいという従来の限界点を乗り越えているとは言い難いものの、その一方で、規模の大きさ、標本の無作為性、世代の多様性がある程度は確保された点において、従来における同種の調査に対して独自の価値を主張できるはずである。

2 先行研究と分析枠組み

(1) 移住過程論とトランスナショナリズム論

「移住過程」(migratory process)は、移住から定住に向かう一連のプロセスを指し、主に四段階論として知られている(Castles & Miller [1993] 1998:28)。この四段階とは、①単身者による労働移民の流入、②滞在の長期化とネットワークの形成、③家族とコミュニティ形成、④永住、である。そして移住者間のネットワーク形成、家族形成、移民コミュニティ形成が、移住者が定住に向かう成熟と見なされてきた。例えば田嶋(2010: 266-303)は、中国系移住者の移住プロセスとボランタリー・アソシエーションを論じる中で、移住プロセスの進展に伴い中国系移住者の定住が進んだと指摘している。이종구・임선일(2011)も韓国の朝鮮族の職業選択と適応過程における影響を論じるにあたって、制度の変化に対応させた四段階論を用いて説明している。

しかし、この段階的移住過程は既に多くの論者によって、その限界が指摘されている（小井土

1997; 坪谷 2010; 樋口 2005; 南川 2007;Koffman et al 2000）。例えば、移住から定住に至る過程を「単線的」「一方的」に描き、移住過程の最終段階として定住を想定していること、また、外国人の定住化を厳しく制限している日本では、（一部の外国人に限られるものの）「永住」のような定住可能な法的地位の取得が、必ずしも恒久的な定住の意向を伴うとは限らないこと、などである（田嶋 2010; 坪谷 2010）。最近の移民研究では、移民が作り出す社会組織やネットワークを重視する従来の研究を土台に、二つ以上の社会における国境を超えた社会組織の多元的な編成と、その多様なインパクトに注目する「トランスナショナリズム」（transnationalism）の視角が重要視されている（小井土 2005）。移民が作り出す出身国と移住先をつないだ「越境的な社会空間」（transnational social space）に注目することで、従来の一時滞在と定住といった二分法的な捉え方や、ホスト社会への同化、統合への考え方そのものが問い直されている[6]（Faist 1998;Vertovec 2009=2014）。

日本でも移住者のトランスナショナルな実践の実態や、方法論としてトランスナショナリズムを取り入れた分析が徐々に増えている（田嶋 2010; 広田・藤原 2016; 西原・樽本 2016）。中でも広田は、トランスナショナルなコミュニティ分析において、「場所形成」という概念を提示している（広田 2016:42-44）。広田が言うトランスナショナルなコミュニティとは、移動の拠点となる場所と場所をつなぎ合わせるネットワーク的空間であり、同時に移動の「磁場」となる特定の場所である。この「場所」は、国家を素通りし、複数の国家を跨ぐ抽象的空間ではなく、空間的な集住に伴って可視化された場所、ネットワーク、人、情報などの機能が凝縮した場所、そして国家やローカル政府の政策に影響される具体的な場所を指す。経済、政治、社会など多様な領域におけるトランスナショナリズムの中でも、とりわけ注目されるのは、「越境的な社会空間」の形成が、数々の「場所」を内包するホスト社会での定住意向もしくはその逆の出身国への帰国意向に、どのような影響を与えているかである。この点について、次節では在日中国人研究に焦点を絞って検討しよう。

(2) 在日中国人の移住過程とトランスナショナリズム

日本は大規模な外国人労働者の流入と家族再結合を認めず、定住化も厳しく制限しながら、留学生を受け入れてきた。新華僑の在日中国人としては、文化大革命の収束と日中関係の改善によって1979年に始まった国費留学生たちがその先陣を切った（鄭 2015）。その後、中国の私費留学生派遣の規制緩和、日本の「留学生10万人計画」などが相まって、留学生の数は大幅に増加していく。さらに、留学後には多数が日本の会社に就労し、経済的な安定とともに結婚、家族形成などを経て、日本における安定的な法的地位を持つ者が増えることで、コミュニティは広がっていく（小林 2012; 田嶋 2010; 坪井 2006; 山下 2007）。また2000年代からは、高度情報化社会を目指す「e-Japan 基本計画」の枠組みで、外国人IT技術者の積極的な受け入れ政策が打ち出され、2005年までに3万人受け入れ方針が示される（倉田 2003:87）。その経路を通じて多数の中国人IT技術者が来日し、その人々の中にはソフトウェア産業の事業展開も見られるようになる（小林 2012:90-96）。留学後に就労した人々にとどまらず、IT技術者、エスニック・ビジネスの経営者など多様化する在日中国人は、滞在長期化に伴い「定住」「永住」など、より安定的な法的地位を取得する。

【図1】では1990年から2015年までの中国人の外国人登録者数の変化を示すために、それぞれの在留資格を便宜的に四つのカテゴリーに区分している。まず、「活動型非就労」とは活動に基づく在留資格のうちの非就労型であり、「留学」、「就学」、「家族滞在」、「研修」が該当する。(7) 次に、「活動型就労」とは、活動に基づく在留資格のうち就労型であり、「教授」、「研究」、「教育」、「技術」、「特定活動」など就労に関連する在留資格が該当する。「身分型」とは身分に基づく在留資格で、「日本人の配偶者等」、「永住者」、「永住者の配偶者」、「定住者」が該当する。最後に「その他」とは、「文化活動」、「短期滞在」などが該当する。【図1】で示すように、年々「身分型」が増加しており、2015年(29万9407人)には1990年(6万5769人)の4倍以上になっている。

しかし、安定的な法的地位への変化は、移住者によるホスト社会への定住もしくはその意向と一致するとは限らない。例えば、坪谷(2002,2010)は、留学生を

【図1】在日中国人の外国人登録者数の変化

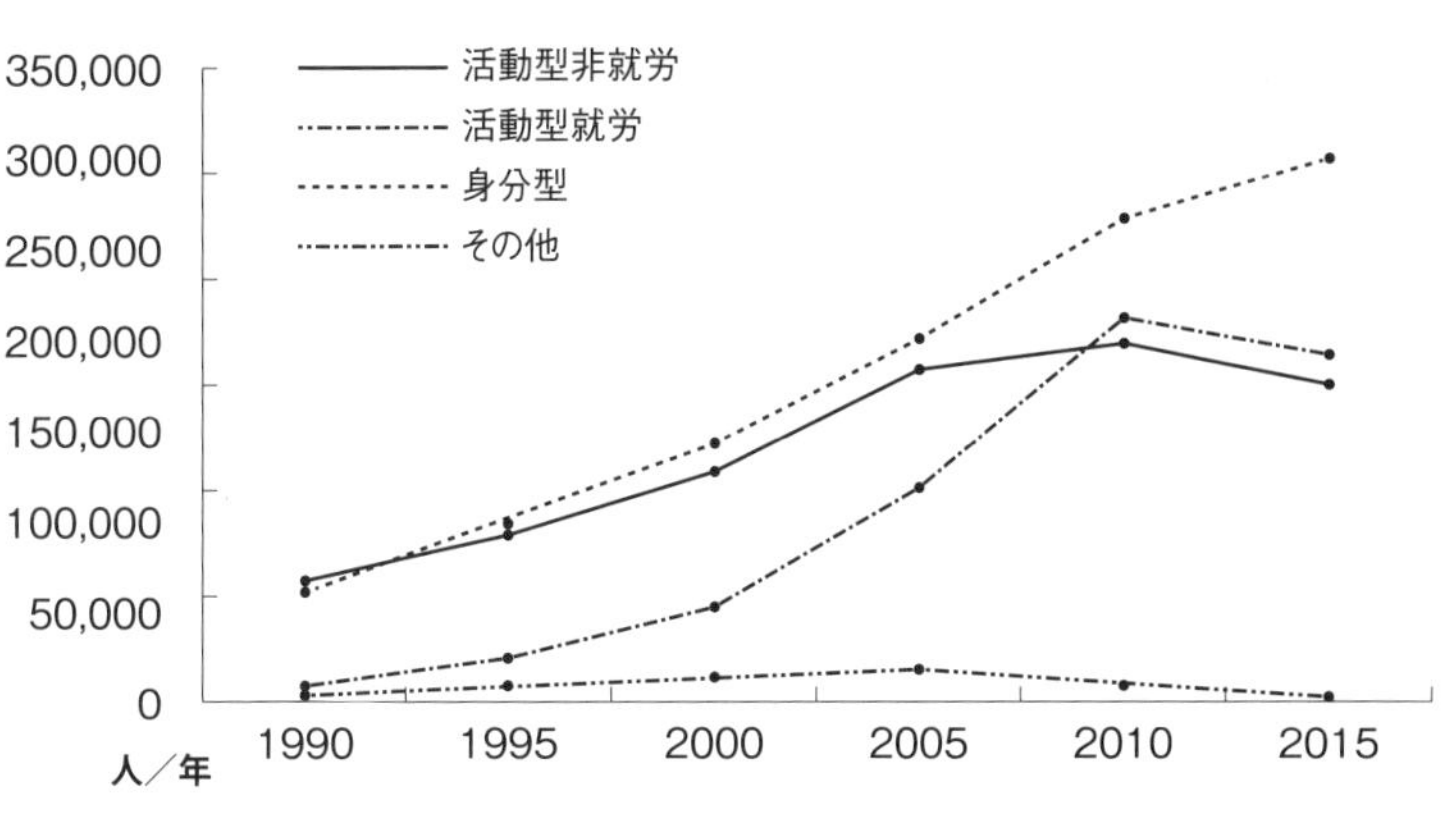

主な対象とする調査から、在日中国人を「永続的ソジョナー」、すなわちソジョナー（sojourner）とセトラー（settler）の中間として捉えている。日本国籍の取得など安定的な在留資格を持ちながらも、今後に関しては、将来的な帰国を念頭に置きつつ「わからない」と答え、帰国についても具体的な目処は立っていない、という。当事者は「永住」資格や国籍取得を、国際移動のための道具もしくは社会生活の保障の手段として捉えているような気配があるが、そうした現状には移住者の多様なライフスタイルに対応した制度的保障や、社会への受け入れに関する配慮が不十分な日本の外国人政策が反映されている[8]（坪谷 2010:168-169）。

それとは別に、田嶋（2010:33）は、移住者が送り出し社会、受け入れ社会、さらに第三の生活拠点という三つの場所に同時に足場を置くなど、トランスナショナルな存在であることが、受け入れ社会における「戦略的な統合」を促すとする。そして、その「戦略的統合」の中で重要となっていくのが送り出し国の変化であるが、その理由は送り出し国の経済的発展によって帰国後の就労、両国にまたがるビジネス・チャンスの可能性も広がるからである。このように、定住もしくは帰国などの意向に関しては、在日中国人がそれぞれ置かれている個別の状況のみならず、中国や日本の状況変化と深く関係していることが分かる。

(3) 在日中国朝鮮族の特徴とその機能

在日中国人研究においては、２０００年代半ばから朝鮮族の存在に注目してきた（坪井 2006; 山下 2007,2008）。例えば山下（2008:227）は、在日中国人の出身地（戸籍地）の比較を通じて

２００６年には東北三省の出身者が全体の35・1％を占めるまで増加したと指摘する。他方、日本の朝鮮族に焦点を当てた研究では、日本への移動と定住化について論じる際に、朝鮮族が備える特徴的な要素に注目している。「見えないマイノリティ」（権 2013）としての朝鮮族の移住過程は、なるほど在日中国人と類似するものの、移動をめぐる朝鮮族の特徴的な要素が日本社会における上昇移動を促進しているという。

その特徴的な要素とは、冒頭でもふれたように、まずは歴史的、文化的な条件によって朝鮮族が備えるに至った多様な資本である。三ヶ国語が行使可能な言語能力や身体化された文化資本が朝鮮族の日本への方向づけ機能を果たしてきた[9]（권향숙 2012）。例えば、「満洲国」期当時において朝鮮族（当時はそのように呼ばれなかったので、後にそう呼ばれることになる人々と言うのが正確だろうか）は生活の全般にわたって日本文化の影響を受け、その結果として、その後も、日本語教育による文化的・歴史的遺産が家庭生活、学校教育、社会環境の多様な次元で朝鮮族の生活世界に影響した。さらには、中国が独自の少数民族政策を取り、言語・文化の保持を認めたこと、朝鮮族学校において第二外国語として日本語が教えられていたこと（本田 2012）なども、人的資本、文化資本形成の背景となっている。他方で、社会関係資本[10]、とりわけ親族ネットワークが、朝鮮族の移動、家族の分散を支えるコミュニティの基底にある（権 2015）。

次に、朝鮮族にあって現在の日本定住者の母体となっている日本留学世代は、在日朝鮮族一世であると同時に、朝鮮族三世でもあるという重層的な性格を持っている点である。朝鮮族一世は、朝鮮半島から中国東北地方に移住し定着した世代であるのに対し、１９８０年代前後に国費留学生を筆頭にした日本への移動は、主に朝鮮族三世であるが、同時に「記憶としての移動」（藤原 2008）を継承し、「移動する文化」（権 2014）を形成している。在日中国朝鮮族一世は、移動することが文化的特性として身体化された世代であり、いわば、日本への移動は、狭義には初めての身体的移動でありながら、祖父母世代からの移動という長い歴史的スパンを考慮して広義に捉えれば、第二の移動もしくは再移動と規定することもできる。

最後に、中国、韓国、日本など東アジアを中心にしたトランスナショナルなネットワークを基盤にして「越境的な社会空間」を形成している点である。それは国境を跨いで生活する家族、親族間の海外送金やコミュニケーションの甚だしい高頻度を見るだけで明らかである。例えば日本在住者を中心に考えた場合、父母世代が韓国で就業して学費など経済的な援助を行ったり、逆に、日本への留学後に就職して、韓国や中国在住の父母へ送金したりすることは、ごく一般的なことなっている。また、父母世代の韓国国籍取得（呉 2012）など韓国での定住化傾向により、日本在住者と密接な関係が形成されている。これらの関係性やそれによって次第に再構成されるアイデンティティが、SNS などのコミュニケーション手段を通して強化される点も強調する必要がある（金 2009; 権 2015; 권향숙 2016）。

(4) 過去の実態調査——定住と帰国の意向

以上のような特徴をもつ在日朝鮮族の全体像を把握すべく、これまでいくつかの実態調査が行われてきた。では、先に見た①移動をめぐる多様な資本、②重層的な集団としての特性、③東アジアにおけるネットワークの所在といった朝鮮族の特徴は、どこまで量的調査に反映されてきたのか。本研究では2000年に行われた調査（権・宮島・谷川・李 2006）と2005年に行われた調査（権 2006,2011）をとくに再確認することによって、本論となる2015年調査の結果、とりわけ将来にわたって定住するのか、あるいはいつかは帰国するのかなど将来の生活設計に関する結果分析の導入としたい（【表1】）。

まず、2001年調査では、回答者の「今後の予定」について「まだわからない」が37・5％で最も多く、次が「帰国する」（32・5％）、「引続き日本に住む」（18・3％）の順になっている。それぞれの回答者の属性は明らかにされていないが、補完的に行った質的調査をもとに就労者と留学生・就学生という二つの集団の差異が指摘されている（権・宮島・谷川・李 2006:212-218）。そしてその就労者の場合でも、結婚や子どもの有無によって状況がかなり異なっている。単身者または子供がいない既婚者は、日本社会を自分のキャリアを積む通過点として位置づけ、今後の市場

【表1】法的地位別定住と帰国の意向（2005年）　　（単位：人）

	永住権			国籍		
	既取得	予定・申請	予定なし	既取得	予定・申請	予定なし
継続居住	6	44	7	2	10	43
帰国	-	14	34	-	1	46
まだわからない	2	26	15	2	3	40
外国移住	-	3	1	-	-	4
その他	-	1	3	-	1	3
合計	8	88	60	4	15	136

出所：権（2011:145）を基に作成

動向を考慮し、中国、アメリカでの活動も視野にいれている。他方の留学生・就学生の場合、就職を目指すか、研究職を目指すかによって相違があるとされている。

次に、2005年度調査では、2001年の調査に比べ、多様な階層の朝鮮族の来日が確認され、IT技術者（「技術」資格）の就労が2000年以降に顕著に増加している。また、当人の来日に先立って親族や友人が日本に在住していた者が8割を超えており、移民ネットワークも目立っている。今後の予定については、「永住」資格を取得予定・申請中の者が53・6％（88人）であり、すでに取得した者8人（4・9％）を合わせると6割を超える。それに対して、日本国籍を取得予定・申請中の者は、9・1％（15人）で、すでに取得した者（4人、2・5％）を合わせても一割強に過ぎない。「永住」資格の取得に関しては、継続的に日本に住む（継続居住）意向がある者のみならず、「まだわからない」とする者や「外国に移住する」意向がある者も、取得を希望している。言い換えると、安定した在留資格への傾向は見られるものの、それが必ずしも恒久的な定住への意志とは限らず、坪谷（2010）が示した在日中国人留学生の分析結果と類似している。ただし、属性別の分析が行われていないため、それが朝鮮族の一般的傾向なのか否かについては明らかではなく、また朝鮮族が備える特徴が、定住か帰国かの意向においてどのように影響をしているかについても、全く明らかにされていない。

以上の調査からすでに10年が経過した2015年調査では、したがって、時間の経過に伴う朝鮮族全体の変化を検討するとともに、在日中国人研究における調査結果との相違点を見出すこと、さらには定住か帰国かの意向に関する朝鮮族の属性別差異を明らかにすることなどが課題となる。

以下で2015年調査の結果を紹介するとともに、それを分析していく。

3　2015年調査の結果と考察

(1) 来日時の特徴

来日時における回答者の特徴は何か。基本的な属性(性別、年齢、出生地)、学歴、来日時期、移動経路の順で結果を提示する。

①基本的な属性

まず、基本的な属性を述べる。性別は「男性」が118人(50・9%)、「女性」が114人(49・1%)である(【図2】)。年齢は「30代」が99人(42・7%)、「20代」が56人(24・1%)、「40代」が47人(20・3%)、「50代」が20人(8・6%)、「60代以上」が9人(3・9%)、「10代」が1人(0・4%)となっている(【図3】)。出生地は、「延辺」が152人(65・5%)、「黒龍江省」が37人(15・9%)、「延辺以外の吉林省」が19人(8・2%)、「遼寧省」が15人(6・5%)、「その他」(上海、北京など)が9人(3・9%)で(【図4】[11])、国籍は「中国」が192人(82・8%)、「日本」が26人(11・2%)、「韓国」が6人(2・6%)、「無回答」が8人(3・4%)であった(【図5】)。

【図4】出生地
【図2】性別
吉林省
（延辺以外）
19人
（8.2%）
遼寧省 15人（6.5%）
その他 9人（3.9%）

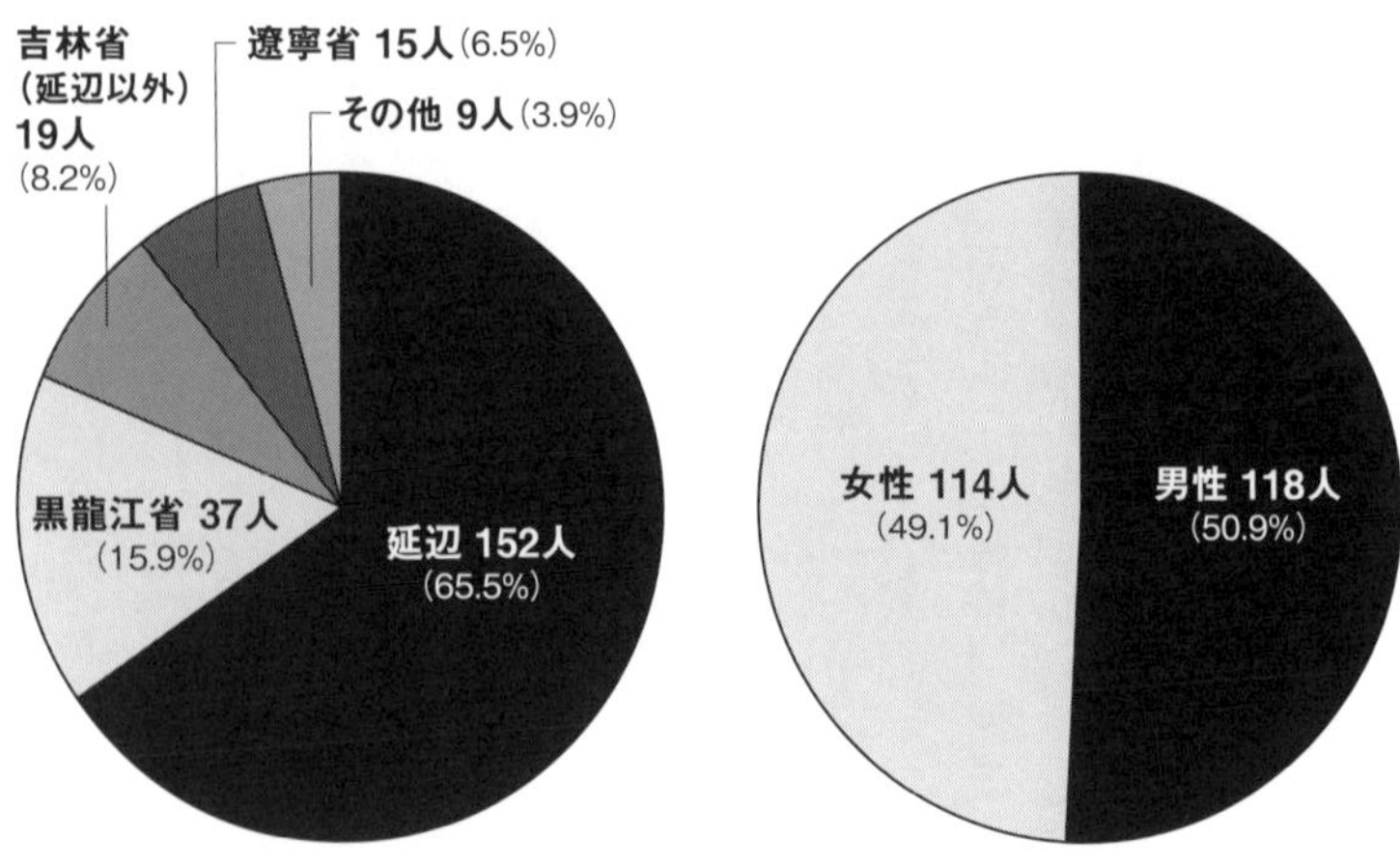
黒龍江省 37人
（15.9%）
延辺 152人
（65.5%）
女性 114人
（49.1%）
男性 118人
（50.9%）

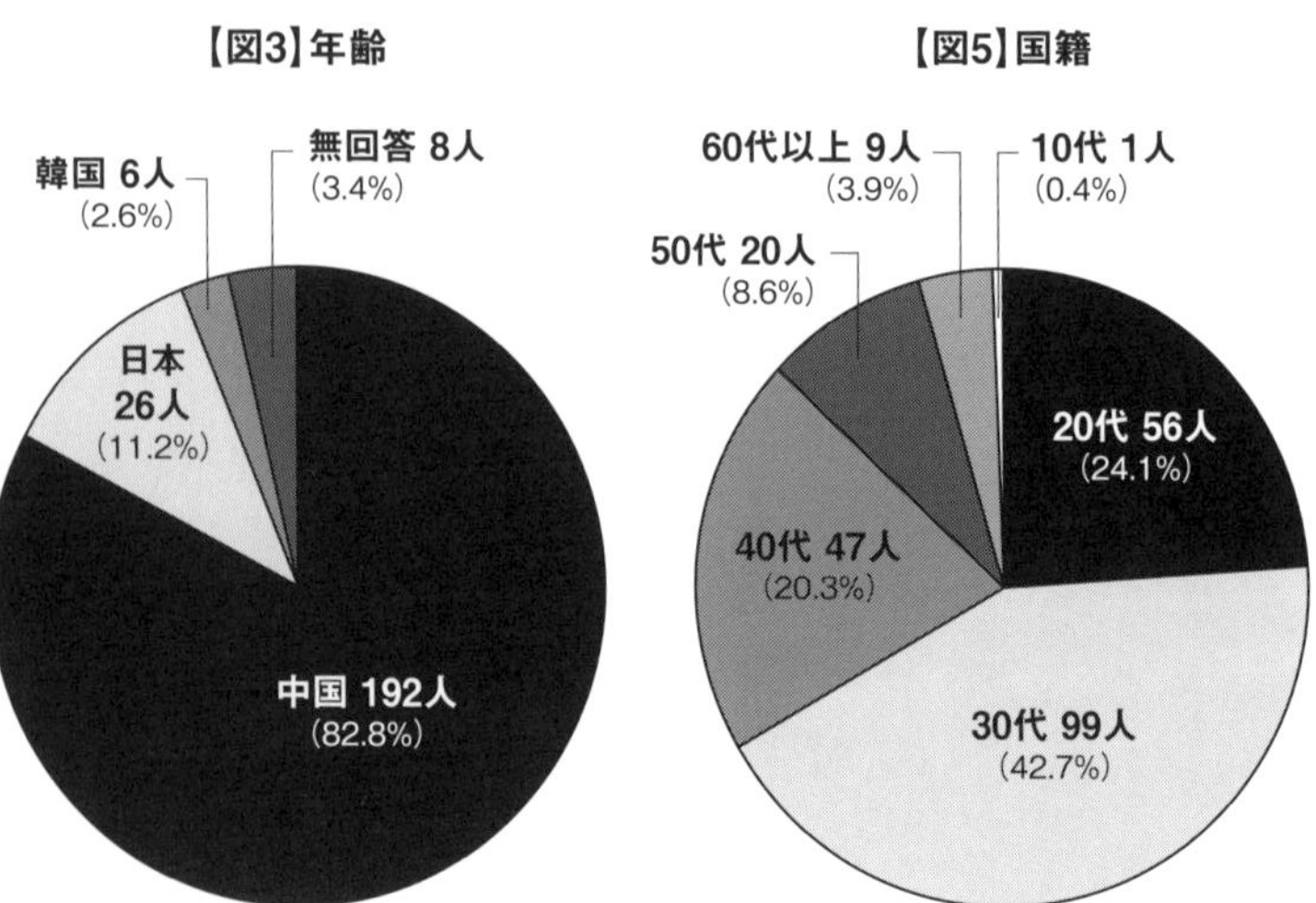
【図3】年齢
【図5】国籍
韓国 6人
（2.6%）
無回答 8人
（3.4%）
日本
26人
（11.2%）
中国 192人
（82.8%）
60代以上 9人
（3.9%）
10代 1人
（0.4%）
50代 20人
（8.6%）
20代 56人
（24.1%）
40代 47人
（20.3%）
30代 99人
（42.7%）

②最終学歴と民族教育歴

来日時の最終学歴は、中国の「本科大学」が１２３人（53・０％）、「短期大学」が32人（13・８％）となっており、大卒者は総計１５５人（66・８％）であった。民族教育歴については、小学校は「朝鮮族学校」が２１０人（90・５％）、「漢族学校」が19人（８・２％）で朝鮮族学校に通った回答者が圧倒的に多かった（【図６】）。中学校は「朝鮮族学校」が２００人（86・２％）、「漢族学校」が31人（13・４％）、高校は「朝鮮族学校」が１８９人（81・５％）、「漢族学校」が32人（13・８％）である（【図７】）。小中高と高学年になるにつれて、漢族学校で教育を受ける比率が増加している。

【図 6】中国での最終学歴

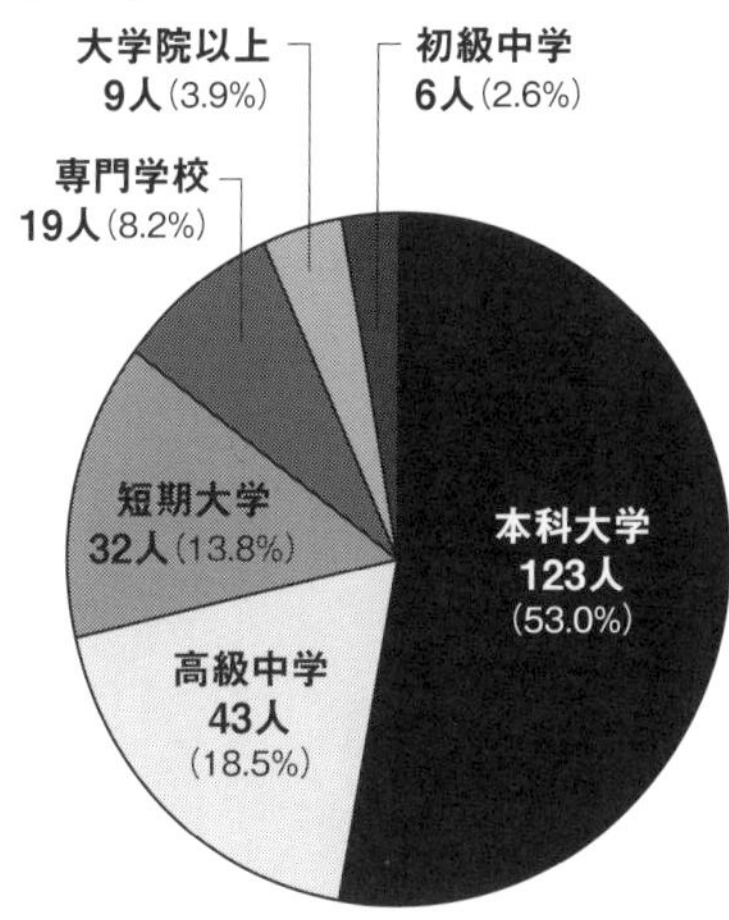

【図 7】民族教育歴　（単位：人）

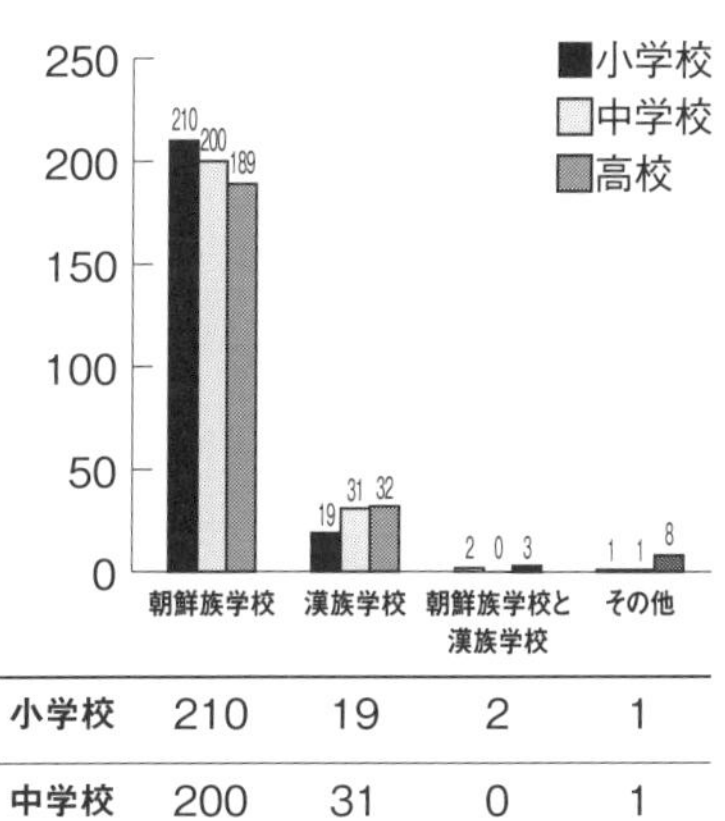

	朝鮮族学校	漢族学校	朝鮮族学校と漢族学校	その他
小学校	210	19	2	1
中学校	200	31	0	1
高校	189	32	3	8

③来日時期と移動経路

【図8】で示されているように、来日時期は1980年から2015年までとなっている。最も多数が入国したのは「2000年」（24人、10・3％）である。2004年に入国者が少ない背景には、反日デモなど小泉元首相の靖国参拝による日中関係の悪化と、そのための来日者の減少が、2012年の場合は、2011年3月に発生した「東日本大震災」の影響があるものと思われる。[12] 来日時期を5年間別に整理したところ、2000年〜2004年に来日した者が73人（31・4％）で最も多かった（【図9】）。その内訳は、在留資格別に「留学」「就学」が46人（63・0％）、「家族滞在」「日本国籍」「日本人の配偶者等」「永住者」が15人（20・5％）、「技術」「人文知識・国際業務」「投資・経営」が12人（16・4％）である。2000年代になって顕著になる高度人材の流入や家族呼寄せの

【図8】来日時期（1年別）

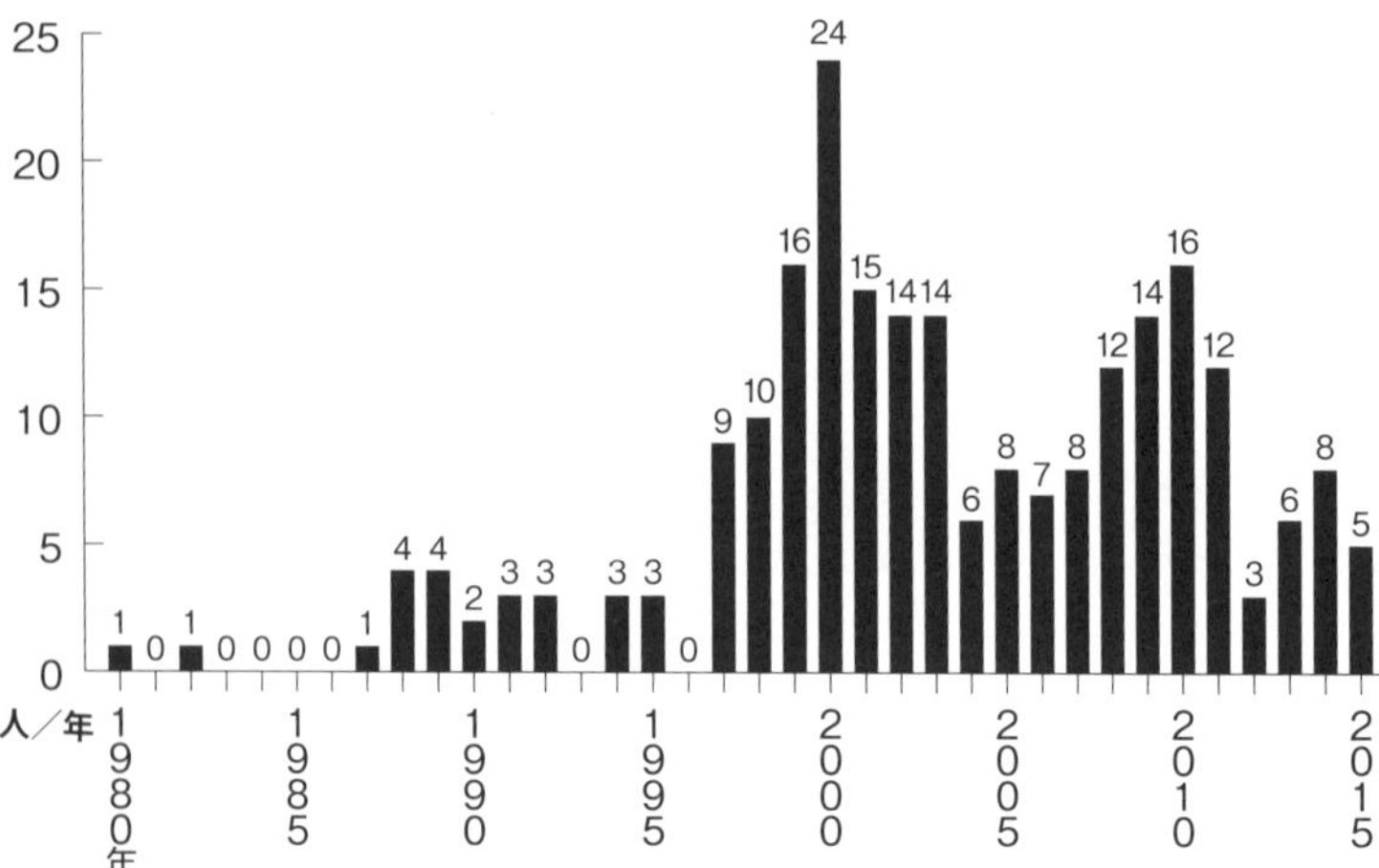

【図 9】来日時期（5年別）

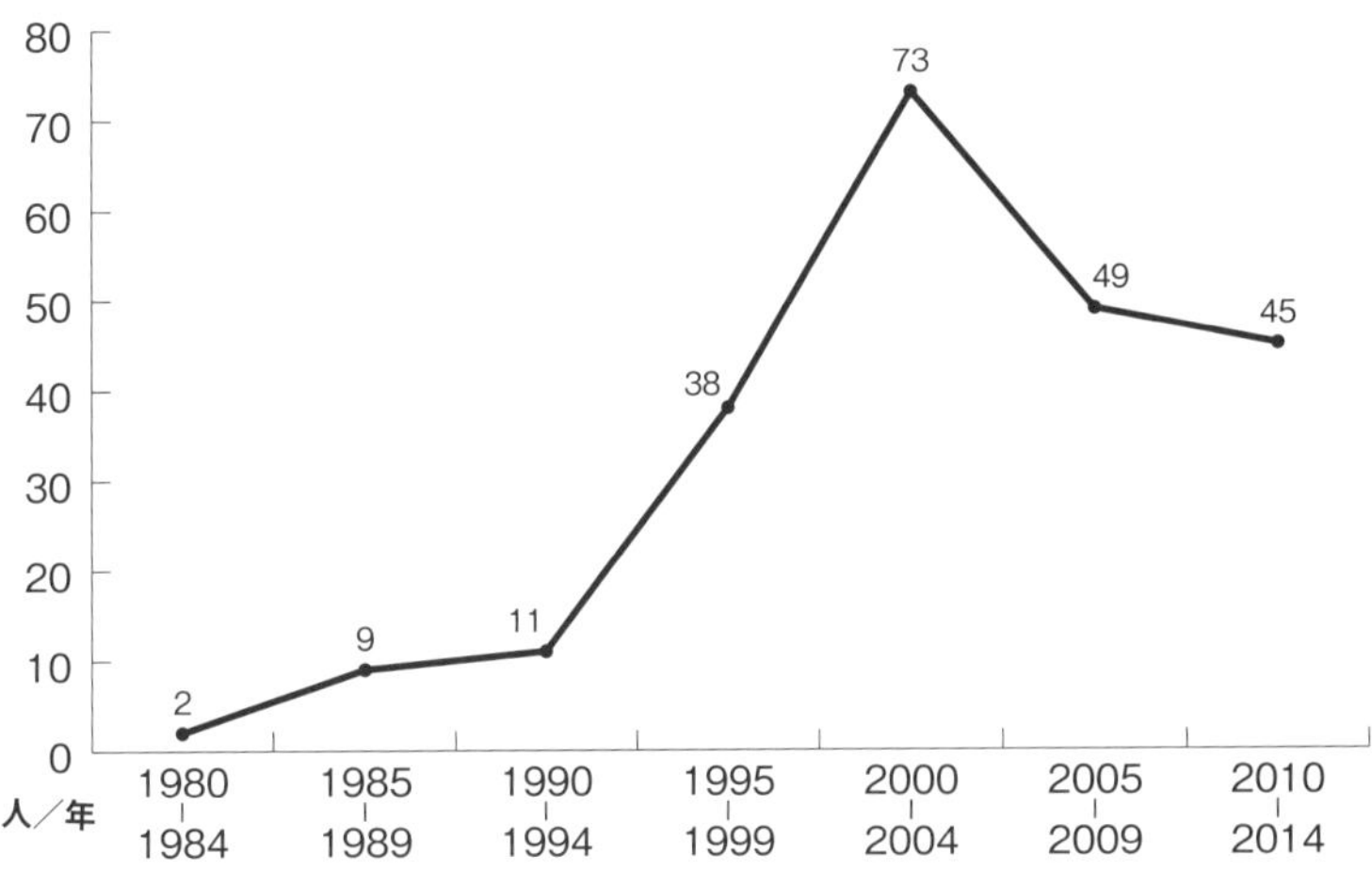

【図 10】来日前の韓国滞在歴

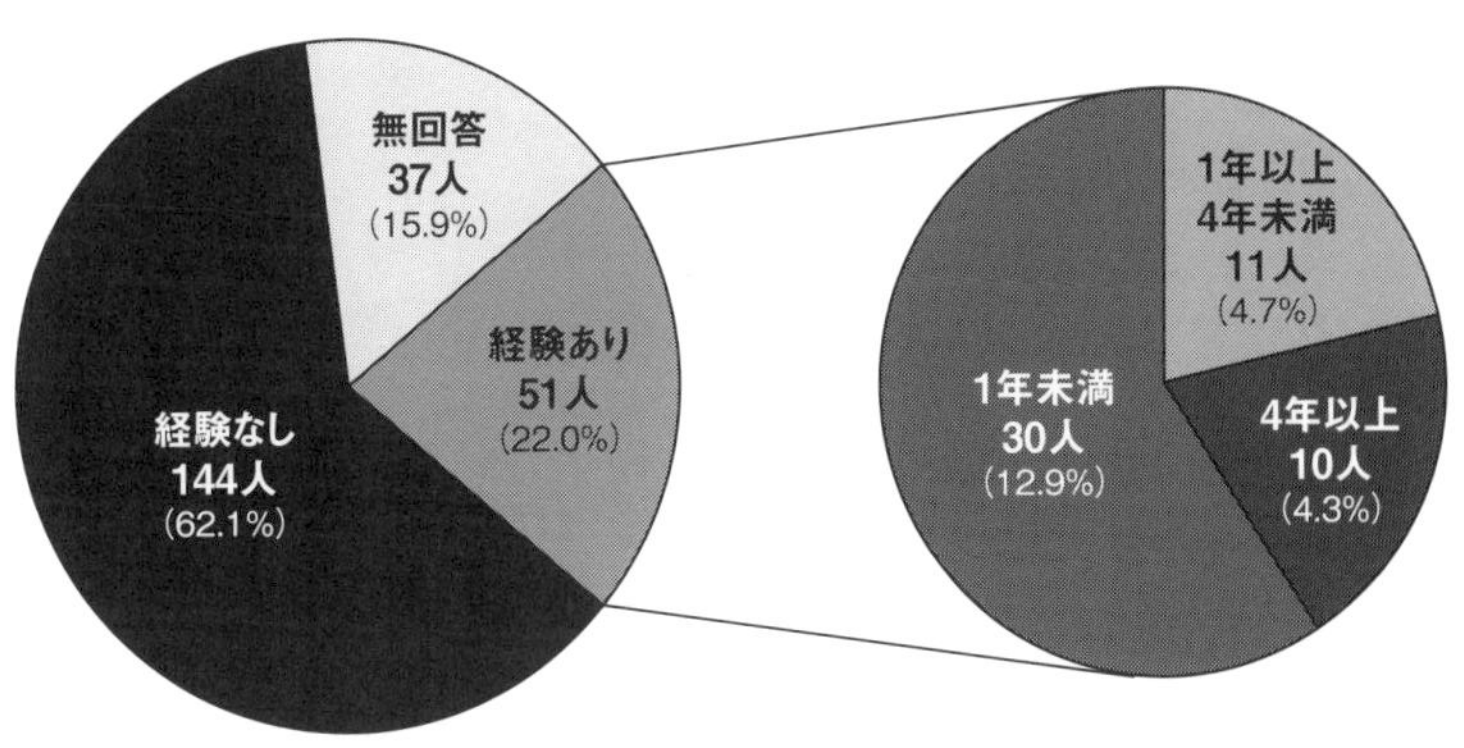

状況が、端的に反映している。

他国での滞在経験に関する設問項目のうち「韓国」項目の結果が【図10】である。それによると、「ない」が144人（62・1％）と多数を占めており、大部分が直接日本に移動したことがわかる。一方、韓国に滞在した「経験あり」と答えた回答者は51人（22・0％）であった。滞在期間別に見ると、「1年未満」が30人（12・9％）と最も多く、「1年以上4年未満」が11人（4・7％）、「4年以上」が10人（4・3％）の順であった。一度でも韓国に立ち寄った経験がある回答者は、「1年未満」「1年以上4年未満」「4年以上」をあわせて51人であるが、そのうちの46人（90・1％）が「留学」「就学」ルートで来日している。つまり、韓国経由で来日する朝鮮族の約9割が留学、就学目的で来日していることになる。これは「留学」「就学」資格で来日した158人のうちの約4割にあたる[13]。

(2)来日後の変化と現状

これまで来日時の特徴を見てきたが、来日後はどのような変化があるのか。法的地位、経済状況、家族構成の順に見ていこう。

①法的地位――在留資格の変化

来日時の法的地位（在留資格など）は、「留学」が127人（54・7％）、「就学」が31人（13・4％）、「家族滞在」が26人（11・2％）、「技術」が15人（6・5％）、「人文知識・国際業務」が11人（4・7％）、

「日本人の配偶者等」が8人（3・4％）、「日本国籍」が5人（2・2％）、「永住者」が4人（1・7％）、「研修」が2人（0・9％）、「短期滞在」「投資・経営」「教育」が1人（0・4％）ずつであった。他方、現在の在留資格は、「永住者」が79人（34・1％）、「技術・人文知識・国際業務」が43人（18・5％）、「留学」が37人（15・9％）、「日本国籍」が26人（11・2％）、「経営・管理」が11人（4・7％）、「日本人の配偶者等」が11人（4・7％）、「技能」が7人（3・0％）、「家族滞在」が4人（1・7％）、「永住者の配偶者等」が3人（1・3％）、「定住者」が3人（1・3％）、「研修」が2人（0・9％）、「特定活動」が2人（0・9％）、「教育」「教授」「研究」「高度専門職」が1人（0・4％）ずつであった。

　来日時と現在の在留資格とをクロス分析してみたところ、【表2】のような結果となった。留学を目的とした在留資格をもつ「留学」と「就学」の総計が１５８人（68・1％）となっており、朝鮮族の日本への移動は、留学生が主であるとされるこれまでの研究結果と同様、その傾向が確認できる。一方、留学目的で来日した１５８名の現在の在留資格をみると、多い順に「永住者」52人（22・4％）、「留学」36人（15・5％）「技術・人文・国際業務」33人（14・2％）、「日本国籍」12人（5・2％）、「経営管理」6人（2・6％）、「日本人配偶者」6人（2・6％）、「技能」と「定住者」それぞれ3人（1・3％）、「永住者配偶者」と「特定活動」それぞれ2人（0・9％）、「教育」「教授」「研修」1人ずつ（0・4％）となっている。この１５８人から現在の「留学」36人を除いた１２２人が、永住権や日本国籍を取得したか、就労可能な在留資格に変更するなど、より安定的な法的地位を確保した「元留学生」ということになる。他方、現在の在留資格が「留学」36人という数字からは、留学を目的とする朝鮮族の来日が続いていることが分かる。

（単位：人、カッコ内は%）

現在の在留資格など								合計
経営・管理	研究	研修	高度専門職	定住者	特定活動	日本人の配偶者等	留学	
0 (0.0)	0 (0.0)	0 (0.0)	0 (0.0)	0 (0.0)	0 (0.0)	1 (0.4)	0 (0.0)	5 (2.2)
1 (0.4)	0 (0.0)	0 (0.0)	0 (0.0)	0 (0.0)	0 (0.0)	0 (0.0)	0 (0.0)	4 (1.7)
0 (0.0)	0 (0.0)	1 (0.4)	0 (0.0)	0 (0.0)	0 (0.0)	0 (0.0)	1 (0.4)	26 (11.2)
0 (0.0)	0 (0.0)	0 (0.0)	0 (0.0)	0 (0.0)	0 (0.0)	1 (0.4)	0 (0.0)	15 (6.5)
0 (0.0)	0 (0.0)	0 (0.0)	0 (0.0)	0 (0.0)	0 (0.0)	0 (0.0)	0 (0.0)	1 (0.4)
0 (0.0)	0 (0.0)	0 (0.0)	0 (0.0)	0 (0.0)	0 (0.0)	0 (0.0)	0 (0.0)	2 (0.9)
2 (0.9)	0 (0.0)	1 (0.4)	0 (0.0)	0 (0.0)	0 (0.0)	2 (0.9)	0 (0.0)	31 (13.4)
3 (1.3)	1 (0.4)	0 (0.0)	1 (0.4)	0 (0.0)	0 (0.0)	0 (0.0)	0 (0.0)	11 (4.7)
0 (0.0)	0 (0.0)	0 (0.0)	0 (0.0)	0 (0.0)	0 (0.0)	0 (0.0)	0 (0.0)	1 (0.4)
1 (0.4)	0 (0.0)	0 (0.0)	0 (0.0)	0 (0.0)	0 (0.0)	0 (0.0)	0 (0.0)	1 (0.4)
0 (0.0)	0 (0.0)	0 (0.0)	0 (0.0)	0 (0.0)	0 (0.0)	3 (1.3)	0 (0.0)	8 (3.4)
4 (1.7)	0 (0.0)	0 (0.0)	0 (0.0)	3 (1.3)	2 (0.9)	4 (1.7)	36 (15.5)	127 (54.7)
11 (4.7)	1 (0.4)	2 (0.9)	1 (0.4)	3 (1.3)	2 (0.9)	11 (4.7)	37 (15.9)	232 (100.0)

【表 2】来日時と現在の法的地位

		現在の在留資格など							
		日本国籍	永住者	永住者の配偶者等	家族滞在	技術・人文知識・国際業務	技能	教育	教授
来日時の在留資格など	日本国籍	4 (1.7)	0 (0.0)	0 (0.0)	0 (0.0)	0 (0.0)	0 (0.0)	0 (0.0)	0 (0.0)
	永住者	0 (0.0)	3 (1.3)	0 (0.0)	0 (0.0)	0 (0.0)	0 (0.0)	0 (0.0)	0 (0.0)
	家族滞在	2 (0.9)	14 (6.0)	1 (0.4)	4 (1.7)	2 (0.9)	1 (0.4)	0 (0.0)	0 (0.0)
	技術	3 (1.3)	6 (2.6)	0 (0.0)	0 (0.0)	2 (0.9)	3 (1.3)	0 (0.0)	0 (0.0)
	教育	0 (0.0)	1 (0.4)	0 (0.0)	0 (0.0)	0 (0.0)	0 (0.0)	0 (0.0)	0 (0.0)
	研修	0 (0.0)	2 (0.9)	0 (0.0)	0 (0.0)	0 (0.0)	0 (0.0)	0 (0.0)	0 (0.0)
	就学	3 (1.3)	19 (8.2)	0 (0.0)	0 (0.0)	4 (1.7)	0 (0.0)	0 (0.0)	0 (0.0)
	人文知識・国際業務	0 (0.0)	0 (0.0)	0 (0.0)	0 (0.0)	6 (2.6)	0 (0.0)	0 (0.0)	0 (0.0)
	短期滞在	0 (0.0)	1 (0.4)	0 (0.0)	0 (0.0)	0 (0.0)	0 (0.0)	0 (0.0)	0 (0.0)
	投資・経営	0 (0.0)	0 (0.0)	0 (0.0)	0 (0.0)	0 (0.0)	0 (0.0)	0 (0.0)	0 (0.0)
	日本人の配偶者等	5 (2.2)	0 (0.0)	0 (0.0)	0 (0.0)	0 (0.0)	0 (0.0)	0 (0.0)	0 (0.0)
	留学	9 (3.9)	33 (14.2)	2 (0.9)	0 (0.0)	29 (12.5)	3 (1.3)	1 (0.4)	1 (0.4)
合計		26 (11.2)	79 (34.1)	3 (1.3)	4 (1.7)	43 (18.5)	7 (3.0)	1 (0.4)	1 (0.4)

【表 3】月収所得・来日年度・職業のクロス表 （単位：人）

来日年度			職業							合計
			教育関係	会社員	自営業	パート アルバイト	無職	学生	その他	
1980年代	月平均所得	10-19万円	1	1	0			0		2
		20-29万円	1	0	0			1		2
		30-39万円	1	2	0			0		3
		40-49万円	1	0	1			0		2
		50万円以上	0	0	2			0		2
	合計		4	3	3			1		11
1990年代	月平均所得	10万円未満	1	0	1	1	3		1	7
		10-19万円	0	0	1	2	0		0	3
		20-29万円	1	5	1	0	1		0	8
		30-39万円	2	4	2	0	0		1	9
		40-49万円	1	4	4	0	0		0	9
		50万円以上	1	2	3	0	0		1	7
		無回答	0	2	0	0	0		4	6
	合計		6	17	12	3	4		7	49
2000年代	月平均所得	10万円未満	2	2	2	2	2	3	2	15
		10-19万円	2	6	1	2	0	3	0	14
		20-29万円	1	33	2	1	0	0	3	40
		30-39万円	0	18	5	0	0	0	0	23
		40-49万円	0	8	4	0	0	0	0	12
		50万円以上	0	8	6	0	0	0	1	15
		無回答	0	1	1	0	1	0	0	3
	合計		5	76	21	5	3	6	6	122
2010年代	月平均所得	10万円未満	0	0		1	0	17	1	19
		10-19万円	0	2		1	0	11	0	14
		20-29万円	0	11		0	0	1	0	12
		30-39万円	0	2		0	0	1	0	3
		50万円以上	1	0		0	0	0	0	1
		無回答	0	0		0	1	0	0	1
	合計		1	15		2	1	30	1	50
合計	月平均所得	10万円未満	3	2	3	4	5	20	4	41
		10-19万円	3	9	2	5	0	14	0	33
		20-29万円	3	49	3	1	1	2	3	62
		30-39万円	3	26	7	0	0	1	1	38
		40-49万円	2	12	9	0	0	0	0	23
		50万円以上	2	10	11	0	0	0	2	25
		無回答	0	3	1	0	2	0	4	10
	合計		16	111	36	10	8	37	14	232

②月平均所得

朝鮮族は日本でどのような暮らしをしているのか。月平均所得（本人）を、来日年度別、職業別にクロス分析をした結果が【表３】である。多い順に「20～29万円」62人（27・９％）、「10万円未満」41人（18・５％）、「30～39万円」が38人（17・１％）「10～19万円」33人（14・９％）、「50万円以上」25人（11・３％）、「40～49万円」23人（10・４％）で、平均月収は約26・８万円であった。職業としては、会社員が１１１人（57・２％）で過半数を占めており、平均月収は約31・２万円である。次いで自営業者が36人（15・５％）で平均月収は約39・８万円であった。会社員の場合、日本のサラリーマンの平均月収（国税庁「民間給与実態統計調査」による２０１４年末現在の金額は約35万円）には届かないものの、同じ30万円台には達している（ただし、この結果を分析するに際しては、回答者の７割近くが20～30代であることも踏まえる必要がある）。来日した留学生が、卒業後には日本で職を得て生活するという主な潮流とともに、起業するなどして自営業を営む層の存在も確認できる。

③家族構成とその変化

来日時における家族構成は、「本人」が１８７人（80・６％）で最も多く、「夫婦」が28人（12・１％）、夫婦と子供による「二世代家族」が14人（６・０％）、夫婦と子供、祖父母の「三世代家族」が３人（１・３％）の順であった。一方、現在の家族形態は、「二世代家族」が１１０人（47・４％）で最も多く、「本人」75人（32・３％）、「夫婦」が39人（16・８％）、「三世代家族」が８人（３・４％）であった（【表

4】)。来日時の単身者のうち、80名(34・5%)が二世代家族に、31人(13・4%)が夫婦に、3人(1・3%)が三世代家族になっている多世代化の傾向が読み取れる反面、依然として本人のみの場合も73人(31・5%)と少なくない。つまり、先に指摘した通り、家族構成の多様化とともに、単身者(留学生)の来日も引き続き確認される。

このような家族構成は、時間の経過に伴いどのような変遷をたどってきたのか。【図11】は、単身で来日した朝鮮族の滞日年数が増えるにつれて、本人、夫婦、二世代家族、三世代家族と変化する様相を図に表したものである。この図からは、単身での来日者が、滞日5年目以降に結婚し、滞日7年目で家族が増え、17年目以降に三世代を構成している傾向が確認できる。

(3) 越境的な社会空間

朝鮮族の定住化と再移動の可能性は、どのように把握されるのか。まずは、その背景としての家族分散な

【表4】家族構成(来日時と現在)　(単位：人、カッコ内は%)

		現在の家族構成				合計
		本人	夫婦	二世代家族	三世代家族	
来日時の家族構成	本人	73 (31.5)	31 (13.4)	80 (34.5)	3 (1.3)	187 (80.6)
	夫婦	0 (0.0)	7 (3.0)	18 (7.8)	3 (1.3)	28 (12.1)
	二世代家族	2 (0.9)	0 (0.0)	12 (5.2)	0 (0.0)	14 (6.0)
	三世代家族	0 (0.0)	1 (0.4)	0 (0.0)	2 (0.9)	3 (1.3)
合計		75 (32.3)	39 (16.8)	110 (47.4)	8 (3.4)	232 (100.0)

【図 11】現在の家族構成と滞日年数

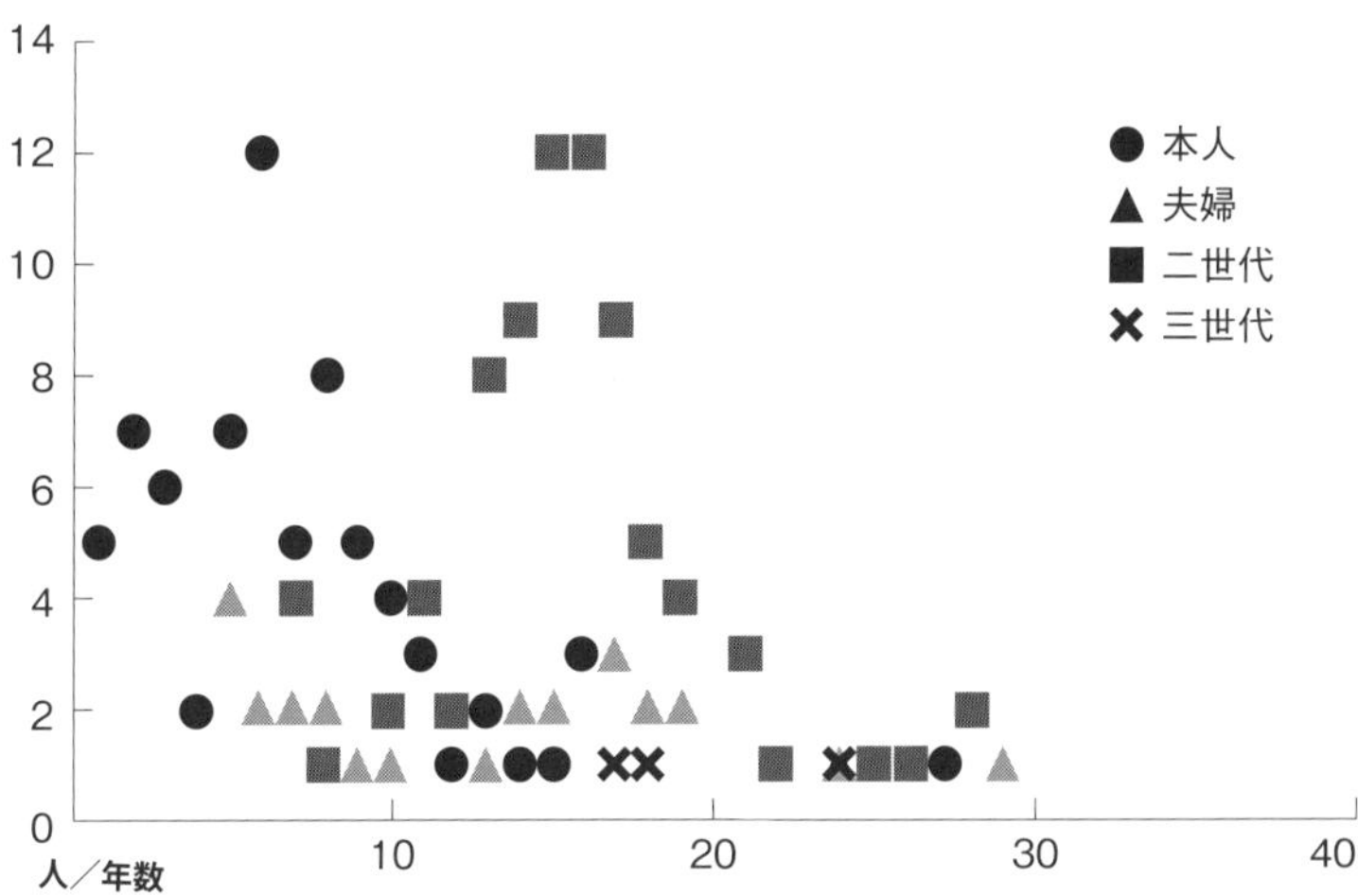

【図 12】両親の居住地　（単位：人）

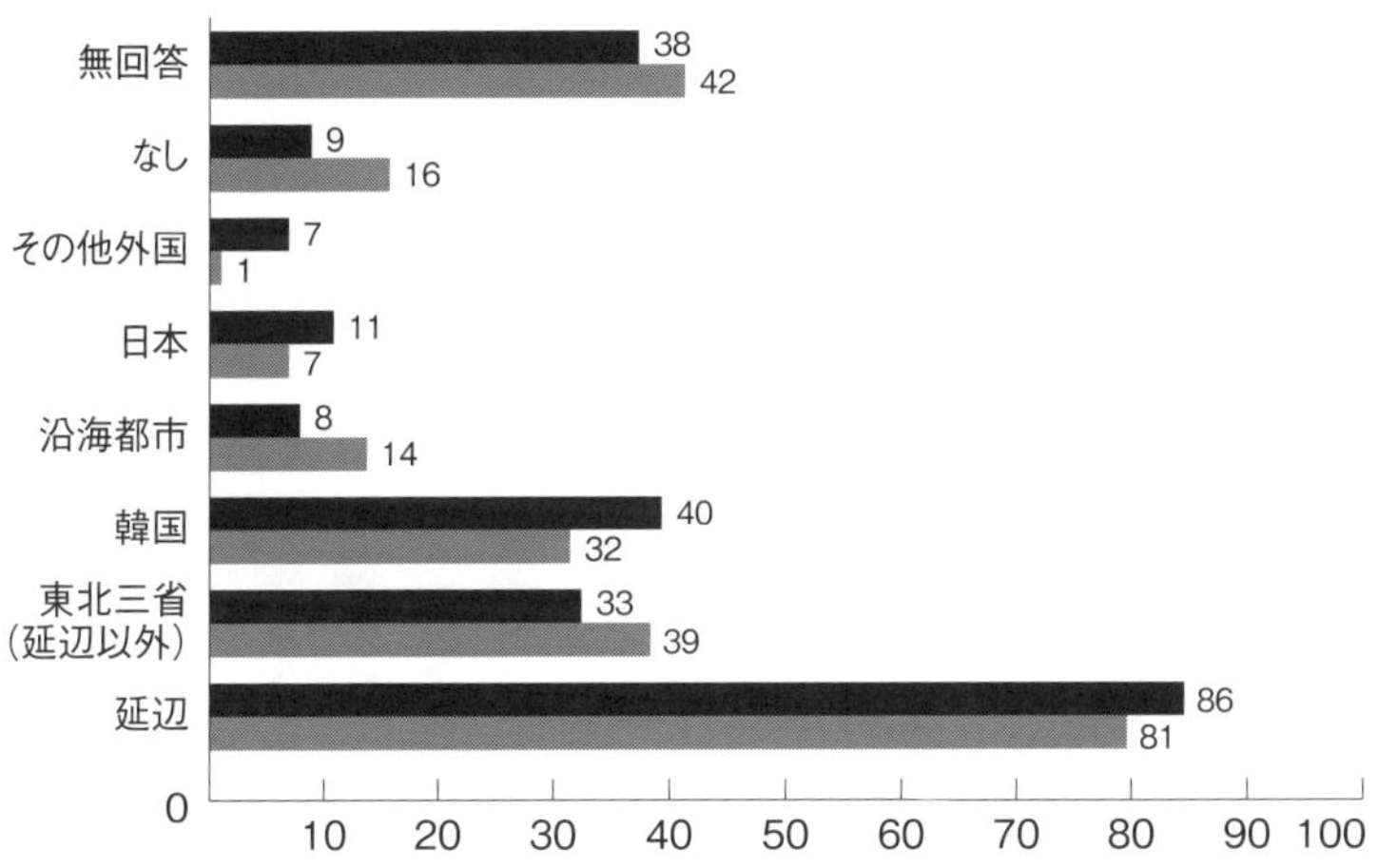

【図13】日本在住の親族の有無

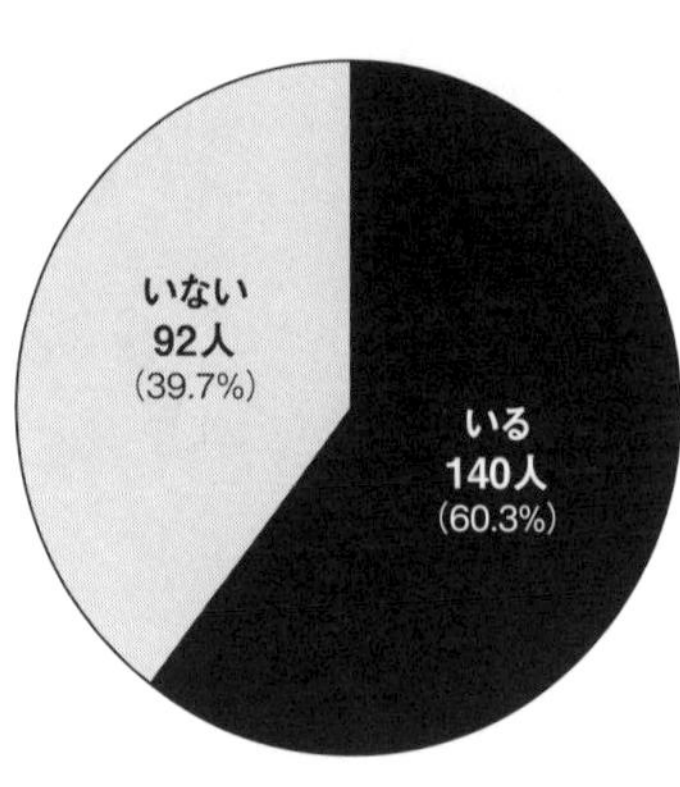

【図14】困った時の相談相手

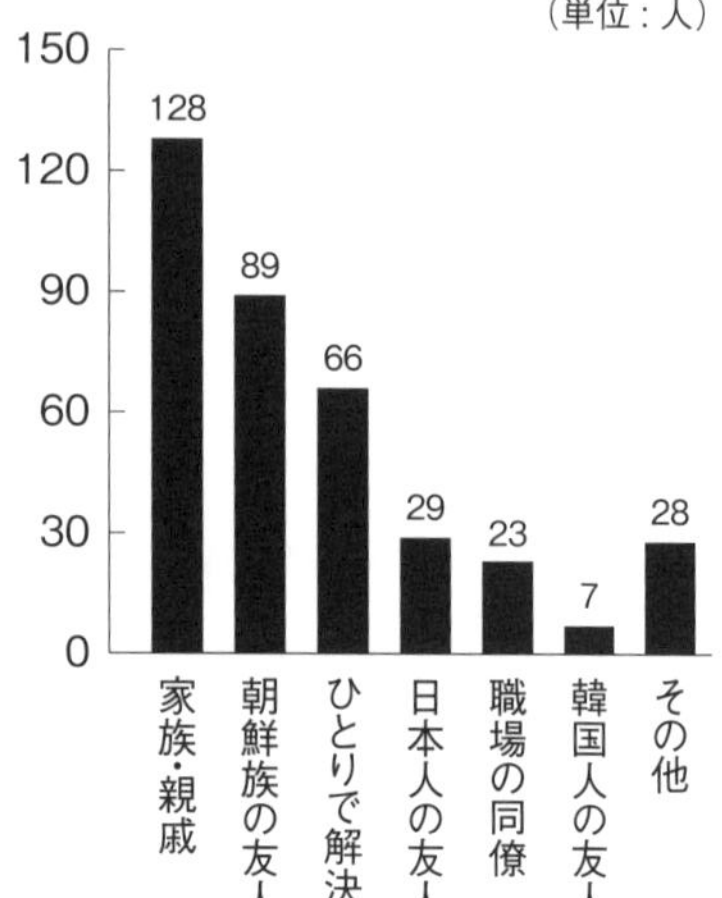

どの状況を確認したうえで、日本での生活満足度、帰国の意向などを考察しよう。

①両親の居住地、日本の親族、困った時の相談相手

【図12】で示されているとおり、両親の現在の居住地については、父親の場合は「延辺」が最も多く81人（34・9％）で、「延辺」を除いた「東北三省」が39人（16・8％）、「韓国」が32人（3・8％）で、母親の場合、「延辺」が86人（37・1％）で最も多く、次いで「韓国」が40人（17・2％）、「延辺を除いた東北三省」が33人（14・2％）であった。国別には、中国、韓国、日本、その他外国の順となっている。日本国内の親戚の数を見ると、「いる」が140人（60・3％）で、「いない」

が92人（39・7％）であり、前者が後者の1.5倍ほどになる。一方、親戚がいる場合、その数は「1人」が40名（39・7％）でもっとも多く、「2人」が35人（15・1％）、「5人」以上が30人（14・2％）、「3人」が18名（7・8％）、「4人」が14人（6・0％）であった（【図13】）。困ったときの相談相手は、複数回答で「家族・親戚」が128人（55・2％）と最も多かった。そのうち65人（28・0％）は「家族・親戚」以外に「朝鮮族の友人」または「職場の同僚」などの複数の相談者がいると答えている。また、63人（27・2％）は「家族・親戚」のみが相談相手であると回答している（【図14】）。以上のことから、家族・親族が複数の国に跨って暮らしている状況に加え、親族ネットワークを読み取ることができる。

②日本での生活満足度

日本に在住する朝鮮族は、その生活についてどの程度満足しているのだろうか。定住化の状況を把握する一つの手がかりを得るべく、従属変数が「日本での生活満足度」、独立変数が「日本人の思考方式への理解度」、「日本在住の親戚の有無」、「日本国籍の有無」、「平均月収」とする重回析分析を行った。その際の方法は、「強制投入法」を用いた。その結果、【表5】に示されているとおり、従属変数が独立変数から全体としてどの程度影響を受けるかを意味する決定係数（R2）は、「0・519」（$p<.001$、0.1％水準で有意）、独立変数「日本人思考方式への理解」の標準化係（β）は「0・691」（$p<.001$、0.1％水準で有意）であった。したがって、「日本人思考方式の理解」が「日本での生活満足度」に対し、有意に正の影響があった。

【表 5】生活満足度の重回帰分析

モデルの要約

モデル	R	R2乗** （決定係数）	調整済R2乗 （調整済決定係数）	推定値の 標準誤差
1	0.721*	0.519	0.511	0.684

* 予測値：（定数）月平均所得、日本の親族、日本人の思考方式への理解、日本国籍。
** 0と1の間の値をとり、1に近いほど独立変数の説明力があるとみなす。

分散分析*

モデル		平方和	Df	平均平方	F	有意確率
1	回帰	114.104	4	28.526	61.039	0.000**
	残差	105.619	226	0.467		
	合計	219.723	230			

* 従属変数：日本での生活満足度。
** 予測値：（定数）月平均所得、日本の親族、日本人の思考方式の程度理解、日本国籍。

係数*

モデル		標準化されていない係数		標準化係数	T	有意確率	共線性の統計量	
		B	標準誤差	ベータ**			許容度	VIF
1	（定数）	1.134	0.182		6.233	0.000		
	日本人思考方式への理解	0.693	0.047	0.691	14.666	0.000	0.958	1.044
	日本の親族	0.243	0.093	0.122	2.595	0.010	0.966	1.035
	日本国籍	0.079	0.147	0.026	0.541	0.589	0.944	1.060
	月平均所得	-0.004	0.002	-0.074	-1.587	0.114	0.987	1.013

* 従属変数：日本での生活満足度。
** 0と1の間の値をとり、1に近いほど独立変数の説明力があるとみなす。

【表 6】帰国の意向と属性　（単位：人、カッコ内は%）

属性など		帰国の意向 ある	ない	わからない	合計
性別	男性	26（23.0）	36（31.9）	51（45.1）	113（100.0）
	女性	29（25.7）	45（39.8）	39（34.5）	113（100.0）
年齢	20歳未満	1（100.0）	0（0.0）	0（0.0）	1（100.0）
	20代	17（31.5）	14（25.9）	23（42.6）	54（100.0）
	30代	25（25.8）	30（30.9）	42（43.3）	97（100.0）
	40代	7（15.2）	23（50.0）	16（34.8）	46（100.0）
	50代	1（5.3）	10（52.6）	8（42.1）	19（100.0）
	60歳以上	4（44.4）	4（44.4）	1（11.2）	9（100.0）
来日年度	1980-1989	1（9.1）	6（54.4）	4（36.4）	11（100.0）
	1990-1999	8（17.0）	23（48.9）	16（34.0）	47（100.0）
	2000-2009	29（24.2）	42（35.0）	49（40.8）	120（100.0）
	2010-2015	17（35.4）	10（20.8）	21（43.8）	48（100.0）
国籍	中国国籍	51（27.3）	59（31.6）	77（41.2）	187（100.0）
	日本国籍	0（0.0）	15（60.0）	10（40.0）	25（100.0）
	韓国国籍	1（16.7）	2（33.3）	3（50.0）	6（100.0）
法的地位	（日本国籍）	0（0.0）	15（60.0）	10（40.0）	25（100.0）
	在留資格 身分型	22（23.2）	41（43.2）	32（33.7）	95（100.0）
	在留資格 活動型就労	17（27.0）	18（28.6）	28（44.4）	63（100.0）
	在留資格 活動型非就労	16（37.2）	7（16.3）	20（46.5）	43（100.0）
職業	教育関係	4（25.0）	8（50.0）	4（25.0）	16（100.0）
	会社員	24（22.6）	36（34.0）	46（43.4）	106（100.0）
	自営業	4（11.4）	19（54.3）	12（34.3）	35（100.0）
	パート・アルバイト	3（30.0）	3（30.0）	4（40.0）	10（100.0）
	無職	3（37.5）	4（50.0）	1（12.5）	8（100.0）
	学生	15（40.5）	7（18.9）	15（40.5）	37（100.0）
	その他	2（14.3）	4（28.6）	8（57.1）	14（100.0）
月収	30万円未満	37（27.6）	44（32.8）	53（39.6）	134（100.0）
	30万円以上	16（19.0）	36（42.9）	32（38.1）	84（100.0）
学歴	高校まで朝鮮族学校	40（21.9）	70（38.3）	73（39.9）	183（100.0）
	その他の学校	15（34.9）	11（25.6）	17（39.5）	43（100.0）
家族構成	本人	24（33.3）	20（27.8）	28（38.9）	72（100.0）
	夫婦	9（23.7）	14（36.8）	15（39.5）	38（100.0）
	二世代家族	22（20.4）	42（38.9）	44（40.7）	108（100.0）
	三世代家族	0（0.0）	5（62.5）	3（37.5）	8（100.0）

③帰国の意向と属性

家族の分散状況とそれにもかかわらず強い紐帯を背景とする親族ネットワークという与件は、回答者の定住化や今後の移動とどのように関連するのだろうか。【図15】のとおり、帰国の意向については、「大変ある」「ややある」を合わせて81人（34・9%）、「全くない」「ややない」を合わせて55人（23・7%）、「わからない」が90人（38・8%）となっており、全体としては「ある」が「ない」を上回っている。

では、どのような属性の回答者が帰る意向を示し、逆にどのような人々が帰らないと答えているのか。【表6】は、帰国の意向に関する設問と属性をクロス分析した結果である。

【図15】帰国の意向

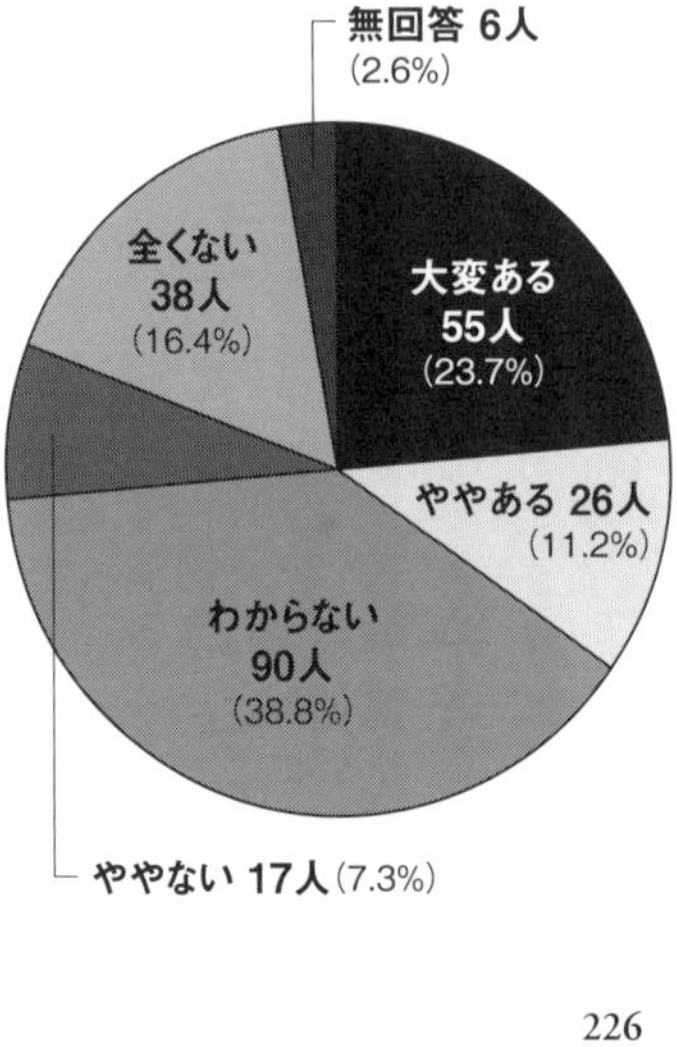

④定住化と再移動の可能性

【表6】の「わからない」をひとまず除外して帰国の意向に関する有無を比較した場合、「ある」が「ない」を量的に上回っているのは、年齢が「20代」（17人、31・5%）、来日年度が「２０１～２０１５」（17人、35・4%）、法的地位が「活動型非就労」（16人、37・2%）、職業が「学生」（15人、40・5%）、学歴が「その他の学校」（15人、34・9%）、家族構成が「本人」（24人、3・3%）

であった。一方「ない」と答えた者のうち全体の４割以上の数値を示しているのは、年齢が「40代」（10人、52・6％）「50代」（４人、44・４％）、来日年度が「１９８０〜１９８９」（６人、54・４％）「１９９０〜１９９９」（23人、48・９％）、国籍が「日本」（15人、60・０％）、職業が「教育関係」（８人、50・０％）「自営業」（19人、54・３％）、月収が「30万円以上」（36人、42・９％）、家族構成が「三世代家族」（５人、62・５％）であった。

そこで、帰国の意向と属性との関連を把握するために、「帰国の意向」を従属変数とし、「職業」「日本の親戚」「中国国籍」「日本国籍」などを独立変数として、有意差があるかどうかについてｔ検定を行った[14]。その結果が【表７】で示した通りである。回答者の帰国の意向は、職業の有無（t=1.323, p=0.157）、日本の親戚の有無（t=-0.343, p=167.872）、中国国籍の有無（t=-0.689, p=0.493）による有意差はみられなかったが、日本国籍の有無のグループ間では有意差が見られた（t=2.392, p=0.021）。したがって、回答者の中国への帰国の意向は、日本での職業と親戚の有無と、中国国籍と

【表７】帰国の意向に関わる人口統計学的属性のt検定

		分類（N）	平均値	標準偏差	T値	自由度	有意確率
帰国の意向	職業	有（165）	2.20	0.751	1.323	94.530	0.189
		無（61）	2.03	0.875			
	日本の親戚	有（136）	2.14	0.732	-0.343	167.872	0.732
		無（90）	2.18	0.869			
	中国国籍	有（187）	2.14	0.816	-0.689	59.294	0.493
		無（36）	2.22	0.637			
	日本国籍	有（25）	2.40	0.500	2.392	41.792	0.021
		無（201）	2.12	0.812			

は関連しないが、日本国籍との関連があることが分かった。

では、「わからない」と回答した者（90人、38・8%）の属性は何か。前掲の【表6】から、性別が「男性」（51人、45・1%）、年齢が「20代」（23人、42・6%）「30代」（42人、43・4%）、来日年度が「2000～2009」（49人、40・8%）「2010～2015」（21人、43・8%）、国籍が「中国」（77人、41・2%）「日本」（10人、40・0%）「韓国」（3人、50・0%）、法的地位（在留資格）が「活動型就労」（28人、44・4%）「活動型非就労」（20人、46・5%）、職業が「会社員」（46人、43・4%）「パート・アルバイト」（4人、40・0%）「学生」（15人、40・5%）「その他」（8人、57・1%）、月収が「30万円未満」（53人、39・6%）、学歴（民族教育）が「高校まで朝鮮族学校」（73人、39・9%）「その他の学校」（17人、39・5%）、家族構成が「本人」（28人、38・9%）「夫婦」（15人、39・5%）「二世代家族」（44人、40・7%）の項目において、約4割前後の割合が確認されている。

ただし、日本国籍の有無といった項目を除いては帰国の意向と属性との間に有意差がみられなかったため、一定の傾向を指摘することは難しい。そのことを念頭におきつつ改めてデータを眺めてみると、いくつかの留意点が浮かび上がる。第一に「中国」「日本」「韓国」と別の国籍をもつ回答者が、それぞれ「わからない」を選択している。つまり、移動前から保持している国籍や移動後に新たに取得した国籍が、必ずしも今後の移動や定住を方向付けていない。第二に全体の約半数を占める「会社員」が「わからない」と回答している。これには、【表3】（218ページ）で示された会社員111人（57・2%）の傾向、すなわち、2000年代前半に来日し、留学生活を終えて就職する流れのなかで、すでに十数年ほど日本に居住し、平均月収30万円強の20〜30代の若者であることを踏まえる必要がある。現在の月収がそこそこで、帰国後の職探しにおける困難も予想されるほか、両親が介護を必要としない年代であるなどの諸条件が、「わからない」との回答に繋がった可能性もある。第三に、学歴（民族教育）、家族構成の項目では、「わからない」を選択した回答者すべてが4割前後を占めている。「わからない」とは帰国するか否かについての判断が保留された、移動と定住の両方の意向が入り組む両義的な状況である。

この両義的な状況は何を意味するのか。「わからない」を選択した回答者の心のうちを、【表8】で示した自由記述の一端から見て取れる。それぞれ多様な事情を抱えていることが反映されていることは言うまでもないが、F氏を除く全員が二世代家族で、F氏自身の今後も婚約した相手によると述べていることを勘案すると、両親や子育てなど家族をめぐる諸事情がある。回答者全体の傾向としてまとめることはできないが、「わからない」の背景に「家族」というキーワードが定住や再移動の要件となっていることが窺える。

4　おわりに――拠点形成としての定住化

以上、本論における分析と考察を踏まえ、日本における朝鮮族の定住化およびトランスナショナルな実態とその潮流についてまとめたい。

朝鮮族の日本への移住過程は、在日中国人とりわけ「新華僑」のそれに類似している。第一に、

【表 8】帰国の意向について「わからない」と答えた回答者の記述と属性

	自由記述	性別	年齢	職業	家族構成	所得		国籍
						本人	配偶者	
A	退職し子供が社会人になった後、故郷で暮らそうという考えもあるが、まだよく分からない	男	40 代	自営業	二世代家族	40-49 万円	20-29 万円	日本
B	子供たちが現在日本で学校に通っているので卒業するまでわかりません	女	40 代	会社員	二世代家族	40-49 万円	40-49 万円	日本
C	老後を考えると葛藤する	男	40 代	自営業	夫婦	30-39 万円	10 万円未満	無回答
D	半々です	男	30 代	その他	二世代家族	20-29 万円	20-29 万円	中国
E	今はまだ安定的な生活ではなく博士課程卒業まで二年という時間があるので、少しずつ夫と話し合い、お互いの父母の意向や考え、将来によって変化があると思うため	女	20 代	学生	二世代家族	10-19 万円	20-29 万円	中国
F	婚約相手次第	女	20 代	会社員	本人	20-29 万円	無回答	中国
G	子供が成長し独立したら、老後を送る場所を改めて決めることもある	女	40 代	教育関係	二世代家族	10-19 万円	40-49 万円	韓国
H	現在、日本での生活環境と今後の中国の発展性を考慮しています	女	30 代	無回答	二世代家族	10 万円未満	30-39 万円	無回答
I	夫は中国国籍だから今後、どのようにどこで暮らすのかは決められない	女	30 代	無職	二世代家族	無回答	20-29 万円	日本

単身の労働移民ではなく国費留学生として始まり、第二に、私費留学生、ＩＴ技術者、家族交流など移住の目的と背景が多様化するとともに、日本での就労、ビジネスなどを通じて経済的な安定、家族形成、移民コミュニティが形成される。そして第三に、それに伴い法的地位も「定住」、「永住」、国籍取得など安定した滞在、活動が可能なものが増加し、第四に、段階的に定住に向かう傾向は、法的地位においてはなるほど確認できるものの、それは必ずしも恒久的な定住への意志とはいえず、中国の経済的な状況、子供の教育、親の介護、新たなビジネス・チャンスなどトランスナショナルな関係を積極的に生かして今後の生活設計を立てていることが特徴である。

他方で、右記したものとは重ならない朝鮮族としての特徴も見逃すことはできない。それは、多重言語を駆使しうる人的資本を有するのみならず、歴史的文脈に由来する文化資本を備えており、それらが日本への移動や適応において重要な機能を果たしていることや、韓国、中国、日本を中心とする家族分散と、親族ネットワークを中心とする社会関係資本が発達していること、さらには華僑ネットワークへのアクセスはもちろん、コリアン・ネットワークに参入する可能性も持っていることである。過去の実態調査でも指摘されてきたこれらの特徴は、同じく２０１５年調査でも裏付けられた。

２０１５年調査では、さらにこれまで指摘されてこなかった新たな側面が明らかとなった。それらを定住および帰国の意向と関連付けて今後の研究および展望について考える。まず、定住化について、である。法的地位、月平均所得、家族構成の分析においては、１９８０年代から来日した回答者の変化を通じて、留学生として来日後、就職や起業などを経て日本で暮らす「元留学生」たちが安定的な法的地位を獲得しつつ、家族を構成して暮らしている一方で、留学生の継続的な来日が確認された。つまり、主として「留学」を経路として構成された日本の朝鮮族コミュニティは、新参者にも門戸を開きながら多様化しつつ拡大している。このことは、2015年調査の基になった朝鮮族運動会が七つの朝鮮族団体の共催という形で行われたこと、そしてそこには二世代家族、三世代家族が参加したことからも明らかだろう。

定住化の一つの指標になるだろうという予測をもって試みた、日本での生活満足度に関する調査結果には、朝鮮族の特徴的な要素が色濃く反映している。いくつかの独立変数のうち、もっとも標準化係数（β）の有意確率が高かった「日本人の思考方式への理解」については、朝鮮族の日本文化との親和性ともいうべき文化資本との関連から把握しうる。朝鮮族は、来日以前から家族などインフォーマルな経路で日本文化を学んでおり、来日後の日本文化への適応にもそれらが優位に働いていることが、質的調査において指摘されてきた。在日朝鮮族の企業家に限定するかたちで、この点を踏まえた量的調査がなされたが残念ながら実証には至らなかった（原尻 2006）。ところが、2015年調査においては、それが実証された。その意味は決して小さくない。

帰国の意向については、「永住」、国籍取得など安定的な在留資格、法的地位を取得する傾向がある一方で、これまでの先行研究と同様に、明確な示唆が得られなかった。ただし、日本国籍グループと帰国の意向のグループ間での有意差が認められた。日本国籍をもつ回答者が「中国に帰国する」を選択しなかった点や、「引き続き日本に住む」や「わからない」を選択した回答者が確認された点については、件数の違いはあっても、先行研究と類似した結果となっている。帰国の意向が「ある」と答えた回答者のうち、本人に次いで多かったのが二世代家族であったが、この背景には子供の教育や個々人のビジネス・チャンスなどライフステージに沿った実践があろう。また、「わからない」の背景になっているはずの家族の事情も、朝鮮族に特徴的だといわれる教育熱や社会的な上昇志向などを踏まえた考察が望まれる。

以上の知見とともに、日本における朝鮮族の移住過程にはどのような特徴があるといえるのか。繰り返しになるが、複数の国家に跨った家族の分散、そしてそれと同時に進行する親族ネットワークの形成という与件、朝鮮族特有の文化資本を背景とした定住化の諸相、さらには移動の文化が身体化されつつも、帰国するか否かの判断は保留され、定住と再移動への志向が入り組む両義的な状況が本研究の過程で観察された。これは、田嶋（2010）が指摘する受け入れ社会での「戦略的な統合」の一過程として捉えうるが、朝鮮族の場合、「戦略的統合」の重要なファクターが送り出し国（中国）の変化のみならず、親世代が居住する韓国はもちろん、地続きの北朝鮮を含む朝鮮半島情勢など東アジアの状況にも規定されることを強調しておかなければならない。つまり、東アジア情勢を背景とする「越境的な社会空間」のなかで、朝鮮族の日本への定住過程が把握される必要がある。それは、広田（2016）が提示する「場所形成」に重なるプロセスであろうが、必ずしもそれと一致するものではない。換言すれば、ある「場所」に対する永続的な定着というよりは、「移動する文化」を基底にした「拠点」（hub）の形成とでもいうべき態様、すなわち、「拠点形成としての定住化」と呼びうるものである。ただし、日本がその拠点の中核になるか否かは、引き続き見守っていく必要があろう。

1980年代初期における第一次留学生の来日から、30年以上の歳月が流れた。年々多様化する朝鮮族コミュニティの様相は、前年度に引き続き開催された2016年夏の運動会でも、さらに明瞭な形をとっていた。参加者約1500人を超える大規模な祝祭は、競技に参加した運動選手や団体はもちろん、親子連れで会場を訪れた家族の憩いの場となり、その模様をエスニック・メディアが大々的に報じた。(15) このようなイベントは、さしあたり在日朝鮮族一世が中心となって牽引しているが、いずれは親世代の高齢化、次世代の教育、言語問題などを含む二世の問題も浮上することになろう。そのような世代交代による新たな課題への取り組みも合わせて対象とするような研究、朝鮮族コミュニティの全体像を把握するアプローチが求められる。本研究で活用した2015年調査データのさらなる緻密な分析と考察を含めて、今後の課題としたい。

【注】

(1) 法務省「在留外国人統計」(2018年12月現在)(http://www.moj.go.jp/housei/toukei/toukei_ichiran_touroku.html)

(2) 華僑とは外国に定住している中国国籍保有者を指し、中でも戦前からの華僑を「老華僑」と呼び、それとの対比で新来中国人を「新華僑」と現在では一般的に呼ばれている。またそれとは別に、日本国籍を取得した人々とその子孫は在日華人(留日華人)と呼ばれることもある(水野・過2010)。ちなみに、「新華僑」とは、元来、終戦直後に1万5906人だった台湾省出身者を指して使われた呼称であった(水野・過2010:43)。

(3) コミュニティの捉え方は分野、論者によって異なる。通常移民研究においては、①移民が集住する物理的空間、②ある社会において共通の属性を持つマイノリティ集団、③ネットワークを中心に形成された移民組織・団体(association)などを指すのが一般的である(e.g. Bankston 2014)。本研究でいう朝鮮族コミュニティとは、日本における朝鮮族社会を包括して指し示している。

(4) この調査の全項目にわたる記述統計については、(権・金・呉 2016:61-81) を参照されたい。なお、2015年調査の実施までに至るプロセスは、執筆者の一人である権の「まるごと朝鮮族」をモットーにしたフィールドワーク (権 2011) と連動しており、それらは共同主催団体の担当理事として実行委員会に参与したことがきっかけとなった。ここに記して関係者の皆様に感謝の意を表しておきたい。

(5) 在日朝鮮族に関する量的調査としてはこのほかに、就学生に関する研究 (許 2002)、生活と意識に関する研究 (金 2004)、ネットワーク形成とその問題点を考察した研究 (朴 2006)、企業家に関する共同研究 (原尻 2006)、生活実態とエスニック・ネットワーク形成に関する研究 (権 2011)、移動と生活に関する研究 (宮島 2016) 等がある。

(6) Faist (1998:216) は、越境的社会空間を「社会的・象徴的絆、ネットワークと組織における位置、地理的に国際的に少なくとも二つ以上の異なった場所に存在しうる組織のネットワークによる組み合わせ」だと指摘する。

(7) 「就学」は2009年の入管法改正によって「留学」に統合・一本化された (寺倉 2011:183)。

(8) しかし、日本の定住外国人における帰国の意向の「あいまいさ」は、受け入れ政策の影響だけに留まらない。定住外国人の研究で見られる共通認識の一つは、移住者の潜在的な「欧米志向」である。この傾向は、坪谷 (2010) の他に日系人を研究した広田 (1997) やインドシナ難民の児童の戦略を比較した志水・清水 (2006) も言及している。これは移民が目指す全世界のホスト社会における日本の位置付けが関連している。言い換えれば、国籍 (シティズンシップ) の序列化 (hierarchical citizenship) (Castles 2005) の問題の一つである。

(9) 直接に金銭に変換され、財産権の形態として制度化できるのが経済資本であるのに対し、文化資本は、特定の条件のもとで経済資本に変換され、教育的資質の形態で制度化される。その中でも文化資本は、広義には文化にかかわる有形・無形の所有物の総体であり、狭義には①家庭環境や学校教育を通して各個人の内に蓄積された諸々の知識、教養、技能、趣味、感性など (身体化された文化資本)、②書物、絵画、道具、機械のように、物質として所有可能な文化的財物 (客体化された文化資本)、③学校制度や様々な試験によって付与された学歴、資格など (制度化された文化資本) で存在しうる (Bourdieu1986; Bourdieu1979=1990)。なお、朝鮮族の身体化された文化資本は、特殊な歴史的プロセスにおいて培われた植民地宗主国の言語である日本語のみならず、朝鮮族の母語である朝鮮語、居住国の国家語である中国語の潜在的又は実質的な多言語駆使能力及びそれらと不可分な多文化への適応性を意味する。

⑽ 社会関係資本とは、これまた特定の条件下では経済資本に転換され、社会的義務として構成され、貴族の称号のような形態で制度化される（Bourdieu 1986）。人と人とのつながり（関係性）がメリットを生み出すにあたっての資本とみなされるもので、人脈やネットワークと言い換えてもよい。

⑾ ２０１５年調査において延辺出身者の回答者が最も多いのは、首都圏を中心に活動する団体が共催しているという事情が影響しているものと思われるが、現時点ではまだその確証が得られていない。

⑿ 東日本大震災が在日中国人コミュニティに及ぼした影響については、Liu-Farrer（2013）の研究を参照されたい。

⒀ 設問項目には韓国以外の外国での滞留に関するものも含まれている。その結果として、割合としてはさほど多くはないか、他国を経由して来日するケースもみられる。

⒁ これ以外の属性についてもｔ検定を行ったが、いずれも有意差が認められなかった。紙幅の都合上、データは割愛する。

⒂ 報道された順を言語別に記すと、まず朝鮮語は①２０１６年８月１５日付『黒龍江新聞』（http://hljxinwen.dbw.cn/system/2016/08/15/001123558.shtml）、②２０１６年８月15日付『吉林新聞』http://www.jlcxwb.com.cn/area/content/2016-08/15/content176909.htm?bshbid=1479219834&from=timeline&isappinstalled=0）、③２０１６年８月16日付『中国朝鮮語放送CNR』（http://www.krcnr.cn/xw/cxzfs/201608/t20160815_1061060.html）、④２０１６年８月 17日付『延辺日報』（http://www.iybrb.com/gih_vew.aspx?id=4166）であり、次に中国語は⑤２０１６年８月16日付『日中商報』（http://mp.weixin.qq.com/s?biz=__MjM5NTA5NzY3OQ==&mid=2650464135&idx=2&sn=da9955b2e5c41ddbe4fae7fc9032aeef&scene=2&srcid=086BqxPIL5bkD0QEok0TZL8&from=timeline&isappinstalled=0#wechat_redirect）、⑥２０１６年８月（４期）『中文導報』（http://www.chubun.com/modules/article/view.article.php/166284/p0）である

【参考文献】

（日本語）

呉泰成、２０１２、「エスニック移民の『国民』への再編入プロセス」『sociology today』第20号、53～64頁

金明姫、２００４、「日本における中国朝鮮族の生活と意識」『人間科学研究』第11巻2号、65～93頁

金雪、２００９、「メディア利用とアイデンティティとの関係――中国朝鮮族の事例を中心に」『法学政治学論究』

第83巻、107~134頁
権香淑、2006、「越境する〈朝鮮族〉の生活実態とエスニック・ネットワーク」田嶋淳子編『韓国系ニューカマーズからみた日本社会の諸問題』財団法人社会安全研究財団、207~279頁
権香淑、2011、『移動する朝鮮族』彩流社
権香淑、2013、「『見えない朝鮮族』とエスニシティ論の地平」松田素二・鄭根埴編『コリアン・ディアスポラと東アジア』京都大学出版会、77~97頁
権香淑、2014、「中国朝鮮族の再移動と家族分散」『朝鮮史研究会論文集』第52巻、99~126頁
権香淑、2015、「中国朝鮮族の移動する文化とコミュニティ」『韓国朝鮮の文化と社会』第14号、107~138頁
権香淑・宮島美花・谷川雄一郎・李東哲、2006、「在日本中国朝鮮族実態調査に関する報告」中国朝鮮族研究会編『朝鮮族のグローバルな移動と国際ネットワーク』アジア経済文化研究所、179~222頁
権香淑・金雪・呉泰成、2016、「在日本中国朝鮮族運動会(2015)及び生活実態に関するアンケート調査結果」『朝鮮族研究学会誌』第6号、61~81頁
倉田良樹、2003、「専門的・技術的労働者の受入れ」依光正哲編著『国際化する日本の労働市場』東洋経済新報社、77~96頁
小井土彰宏、1997、「国際移民システムの形成と送り出し社会への影響」小倉充夫編『国際移動論』三嶺書房、33~65頁
小井土彰宏、2005、「グローバル化と越境的社会空間の編成」『社会学評論』第56巻2号、381~399頁
小林倫子、2012、「ニューカマー中国人」樋口直人編『日本のエスニック・ビジネス』世界思想社、73~101頁
志水宏吉・清水睦美編、2006、『ニューカマーと教育』明石書店
田嶋淳子、2010、『国際移住の社会学』明石書店
鄭亨奎、2015、「新中国の草創期における日本留学と予備教育」『朝鮮族研究学会誌』第5号、1~14頁
坪井健、2006、「在日中国人留学生の動向と今後の課題」『駒澤社会学研究』第38号、1~22頁
坪谷美欧子、2002、「永続的ソジョナー(Permanent sojourner)」とナショナル/エスニックなアイデンティティ

ティの形成」『日中社会学研究』第10号、73～95頁
坪谷美欧子、2010、「滞日中国人による『永続的ソジョナー』アイデンティティの形成」水野武編著『チャイニーズとトランスナショナルアイデンティティ』明石書店、149～172頁
寺倉憲一、2011、「我が国における中国人留学生受入れと中国の留学生政策」『（総合調査報告書）世界の中の中国』国立国会図書館、181～197頁
西原和久・樽本英樹編、2016、『現代人の国際社会学・入門』有斐閣
原尻英樹、2016、「在日本中国朝鮮族起業家に関する調査報告」中国朝鮮族研究会編『朝鮮族のグローバルな移動と国際ネットワーク』アジア経済文化研究所、223～237頁
樋口直人、2005、「デカセギと移民理論」梶田孝道・丹野清人・樋口直人『顔の見えない定住化』名古屋大学出版会、1～22頁
広田康生、1997、『エスニシティと都市』有信堂
広田康生、2016、「『トランスナショナル・コミュニティ』研究の認識論」広田康生・藤原法子『トランスナショナル・コミュニティ――場所形成とアイデンティティの都市社会学』ハーベスト社、24～57頁
広田康生・藤原法子、2016、『トランスナショナル・コミュニティ――場所形成とアイデンティティの都市社会学』ハーベスト社
藤原法子、2008、『トランスローカル・コミュニティ』ハーベスト社
本田弘之、2012、『文革から「改革開放」期における中国朝鮮族の日本語教育の研究』ひつじ書房
朴鮮花、2016、「海外移動先における社会ネットワーク形成とその問題点に関する一考察」中国朝鮮族研究会編『朝鮮族のグローバルな移動と国際ネットワーク』アジア経済文化研究所、238～251頁
水野武・過放、2010、「戦後在日華僑社会の構成および変動と『老華僑』の組織・ネットワーク形成」水野武編著『チャイニーズとトランスナショナルアイデンティティ』明石書店、26～66頁
南川文里、2007、『「日系アメリカ人」の歴史社会学』彩流社
宮島美花、2005、「中国朝鮮族の移動と生活―日本在住の朝鮮族へのアンケート調査から」『香川大学経済学部研究年報』第55号、77～106頁
山下清海、2007、「第二次世界大戦後における東京在留中国人の人口変化」『人文地理学研究』第31巻、97～

113頁
山下清海、2010、『池袋チャイナタウン』洋泉社
山下清海編、2008、『エスニック・ワールド』明石書店

（朝鮮語）
권향숙、2011、「조선족의 도일과정에서 나타나는 문화자본의 영향」『미드리』6권、이주동포정책연구소、3～34쪽
권향숙、2012、「조선족의 일본 이주와 에스닉 커뮤니티」『역사문화연구』제44편、한국외국어대학교 역사문화연구소、1～33쪽
권향숙、2013、「조선족의 일본 이주에 관한 시론」『일본비평』제8호、서울대학교일본연구소、52～79쪽
권향숙、2016、「1990년대 이후 조선족의 도일과 정주화」『일본비평』제14호、서울대학교、일본 연구소、158～181쪽
이종구・임선일、2011、「재중동포의 국내 정착과 취업네트워크」『산업노동연구』17（2）、309～330쪽

（英語）
Bankston, Carl L., III. 2014. *Immigrant Networks and Social Capital.* Cambridge: Polity Press
Bourdieu, Pierre. 1979, *La distinction:critique sociale du jugement.* Paris:Les Editions de Minuit（＝1990、石井洋二郎訳『ディスタンクシオンI・II』藤原書店）
Bourdieu, Pierre. 1986. "The Forms of Capital." John G Richardson ed, *Handbook of Theory and Research for the Sociology of Education.* New York: Greenwood:241-58
Castles, Stephen and Miller, Mark J. [1993]1998. *The Age of Migration: International Population Movements in the Modern World,* Second Edition. The Guilford Press.（＝1996、関根政美・関根薫訳、『国際移民の時代』名古屋大学出版会）
Castles, Stephen. 2005. "Hierarchical Citizenship in a World of Unequal Nation-States." *Political Science and*

Politics. 38(4):689-692

Faist, Thomas. 1998. “Transnational social space out of International migration.” *European Journal of Sociology*, 39(2):213-247

Koffman Eleonore, Annie Phizacklea, Parvati Raghuram and Rosemary Sales. 2000. *Gender and International Migration in Europe: Employment, Welfare and Politics*. London and New York: Routledge

Liu-Farrer, Gracia. 2011. *Labour Migration from China to Japan: International students, transnational migrants*. Routledge

Liu-Farrer, Gracia. 2013. “Chinese Newcomers in Japan: Migration Trends, Profiles and the Impact of the 2011 Earthquake.” *Asian and Pacific Migration Journal* (APMJ), 22(2):231-257

Vertovec, Steven. 2009. *Transnationalism*. Routledge（＝２０１４、水上徹男ほか訳『トランスナショナリズム』日本評論社）

あとがき

本書は、科研基盤研究Ｂ（２０１７～19年度）「中国朝鮮族の元日本留学生と東アジアにおける「越境的な社会空間」に関する研究」（研究代表者：権香淑）の成果を中心にまとめたものである。

本研究の全体を通して、インタビューなど質的調査に応じてくださった方々の総数は、三桁を上回り、さらに本書に掲載された量的調査への協力者を含むと、実に、のべ４００名を超える方々のご協力を頂いた。本書は、その方たちのご厚意と協力なしには生まれなかった賜物である。紙幅の関係上、協力してくださった一人ひとりのお名前を記すことはできないが、執筆者を代表して、ここに深く感謝の意を表したい。

本研究では、第Ⅰ章の執筆者である孫春日氏（延辺大学教授）の朝鮮族移住史に関する講演のほか、金龍哲氏（神奈川県立保健福祉大学教授「境界を生きる――脱マージナル・マン神話は可能か」）および金光林氏（新潟産業大学教授「朝鮮族としてグローバル社会に生きる」）によるライフヒストリーを踏まえた講演会を開催した。金龍哲氏は国費留学生の一期生として、金光林氏は日本の文部省奨学生として、いずれも公費で留学を果たされたご自身の経験について詳細に語って頂いた。重ねてお礼を申し上げる。

当初は予定していたものの、積み残さざるをえなかった方法論上の課題がいくつかある。各章が示している今後の課題を除くと、筆頭に記すべきは、「元日本留学生」を介して上の世代（親の世代）から下の世代（子の世代）へともたらされた日本の影響ではなく、それぞれが当事者となって語る日本や日本文化の影響についての考察である。研究期間中、上の世代へのインタビューを試みたものの実現には至らず、下の世代についても、わずか一つの事例（53ページ）を取り上げるに留まった。親世代が鬼籍に入るなかで時間との闘いにならざるをえない課題であるが、このような制約をものともせず、「元日本留学生」の次世代になる若い監督が、三世代をカメラに収めたドキュメンタリー映画を制作し反響を呼んでいる（角田龍一監督『血筋』２０２０年3月劇場公開予定）。近年、１９８０年代以降に来日した外国人移民の子どもたちが注目されつつあるが、日本の朝鮮族社会も例に漏れず、「移民二世」が活躍する時代を迎えている。

本書のカバー画は、朝鮮族社会の美術教育に多大なる貢献をした重鎮と言われる石熙満氏（１９１４～２００３年）の「長白山〈天池〉」である。１９３０年代、日本美術学校への留学を通して西洋画を学び、解放後、彼の影響を受けて、延辺の一青年が日本語を学ぶきっかけを得たことは本論で述べられている通りである（第Ⅵ章）。「元日本留学生」の親世代における日本の影響やつながりを考えるうえで、象徴的かつ示唆的なエピソードの一つであると思われる。

本研究に対して積極的な助言を惜しまなかった金英花氏のことに触れずにはいられない。東北師範大学（中国）を卒業後、外国語大学（韓国）を経て江原道の地方公務員として勤務した後、宇都宮大学（日本）で博士学位を取得された。同大学で在韓朝鮮族の研究に携わっていたが、２０１９年2月28日、満46歳という若さで急病により逝去された。中国に生まれ、韓国でのキャリア、日本への留学を経て、熱心に研究を進めてこられた立場から、本研究にも大きな関心を寄せてくださった。次の共同研究は是非一緒に、と話されていただけに、言葉に尽くせない悲しみがある。心よりご冥福をお祈りする。

編者の2名は、日本に生まれ育った在日コリアンと日本人であるが、ここ20年ほどを振り返ってみれば、留学生として来日して学業に勤しみ、就労して生活を支え、家庭生活を営み、次世代を育成しようと奮闘する朝鮮族たちの姿に、勇気づけられ、励まされ、時に彼らを見習いながら、多忙な毎日をどうにかやりくりしてきたように思う。そのため、本研究を本書の上梓によっていったん締めくくるにあたり、改めて本研究に協力してくださった多数の方々には、単に研究協力を提供していただいた以上の感謝の念を感じているし、編者が享受することができたこの恩恵を、本書を通じて広く日本社会を構成する人々とも共有することができれば望外の喜びである。また、2010年代以降、日本では、彼らを含め多様なルーツを持つ人々がともに暮らす社会の実現に向けた種々の取り組みが進むのとは裏腹に、嫌韓、嫌中の書物が蔓延し、ヘイトスピーチが後を絶たない状況にある。本書が少しでも相互理解を深める一助となることを願っている。

最後に、本書の出版に向けて、木村知義氏（北東アジア動態研究会主宰）には大変お世話になった。田嶋淳子氏（法政大学教授）にもご高配を賜りお礼申し上げたい。そして、何よりも出版業界が大変厳しい中、本研究の趣旨をご理解くださり、出版を引き受けて下さった彩流社と編集者の出口綾子氏には感謝の一言に尽きる。誠にありがとうございました。

2020年2月　編者

鄭亨奎（てい・こうけい／Zheng, Hengkui）〔Ⅲ章〕

日本大学経済学部教授、博士（教育学）。専門は、比較言語学、漢字圏の言語と文化研究。
論文：「日本語の流行語と世相に関する研究――日本語教育の視点から」（『日本語言文化研究』第5集（下）、延辺大学出版社、2018年、124-131頁）、「新中国の草創期における日本留学と予備教育」（『朝鮮族研究学会誌』第5号、2015年、1-14頁）。

趙貴花（ちょう・きか／Zhao, Guihua）〔Ⅳ章〕

名古屋商科大学商学部講師、博士（教育学）。専門は、教育人類学、アジア研究。
主著：『移動する人びとの教育と言語――中国朝鮮族に関するエスノグラフィー』（三元社、2016年）。
論文：「グローバル化時代の少数民族教育の実態とその変容――中国朝鮮族の事例」（『東京大学大学院教育学研究科紀要』第47巻、2008年、177-187頁、日本国際文化学会第1回研究奨励賞受賞）。

李東哲（り・とうてつ／Lee, Dongzhe）〔Ⅵ章〕

韓国・新羅大学校教養課程大学助教、元延辺大学教授（日本語学研究所所長）、修士（教育学）。専門は、日本語研究、日本語教育研究、中国朝鮮族研究。
編著：『日本语言文化研究 第五辑（上、下）』（延辺大学出版社、2018年）。
論文：「コーパスの用例に基づく「を気づく」の使われ方について――「気づく」の多動性用法を中心に」（『日语日文学研究』第105集1巻、2018年、65-86頁）。

●**執筆者プロフィール**

孫春日（そん・ちゅにる／ Sun, Chunri）〔Ⅰ章〕
延辺大学歴史学部教授、博士（歴史学）。国家社会科学基金企画評議審査グループ専門員。専門は、東アジア近現代史、満州地域民族関係史。
主著:『中国朝鲜族移民史』（中华书局、2009、第6回中国大学科学研究優秀成果賞受賞）、『日本帝国主义对东北朝鲜族的统治研究』（中国社会科学出版社、北京、2015年）、『中国朝鲜族史稿』（香港亚洲出版社、香港、2012年）

谷川雄一郎（たにがわ・ゆういちろう／ Tanigawa, Yuichiro）〔Ⅰ章訳〕
神奈川大学非常勤講師、修士（文学）。専門は、東アジア近現代史。
論文:「「南満東蒙条約」と間島領事館警察の増強」（『日本植民地研究』第16号、2004年、1-17頁）、「内藤湖南と間島問題に関する若干の再検討」（『中国研究月報』第638号、2001年、39-46頁）。

呉泰成（お・ていそん／ Oh, Taesung）〔Ⅱ章、補論〕
大阪経済法科大学アジア太平洋研究センター客員研究員、東京理科大学・茨城キリスト教大学・静岡文化芸術大学非常勤講師、修士（社会学）。専門は、国際社会学、移民、難民研究、中国朝鮮族研究。
論文:「中国朝鮮族の韓国内親族訪問と国籍回復――『一世』への聞き取り調査を中心に」（『東アジア研究』第71号、2019年、1-18頁）、「定住制限型の合法化――韓国における非正規滞在者対策」（『アジア太平洋レビュー』第15号、2018年、31-46頁）。

金雪（きむ・そる／ Kim, Seol）〔Ⅱ章、補論〕
大阪経済法科大学アジア研究所客員研究員、修士（法学）。専門は、マス・コミュニケーション研究、地域研究、中国朝鮮族研究。
論文:「在日朝鮮族のソーシャルメディアに関する研究」（『日本語言文化研究』第5集（下）、延辺大学出版社、2018年、219-226頁）、「メディア利用とアイデンティティとの関係――中国朝鮮族の事例を中心に」（『法学政治学論究』、2009年、107-134頁）。

●編著者プロフィール

権香淑（くぉん・ひゃんすく／Kwon, Hyangsuk）〔II章、補論〕

上智大学総合グローバル学部助教、博士（国際関係論）、専門は、国際社会学、東北アジア地域研究、中国朝鮮族研究。

主著：『〔増補新版〕移動する朝鮮族――エスニックマイノリティの自己統治』（彩流社、2019年）。

論文：「中国朝鮮族の移動とコミュニティ研究における理論的課題――トランスナショナルな枠組みの批判的継承に向けて」（『朝鮮族研究学会誌』第8号、2018年、28-53頁）

宮島美花（みやじま・みか／Miyajima, Mika）〔V章〕

香川大学経済学部教授、修士（政治学）。専門は、国際関係論、東北アジア地域研究、中国朝鮮族研究。

主著：『中国朝鮮族のトランスナショナルな移動と生活』（国際書院、2017年）。

論文：「サブリージョンと移民――中国朝鮮族の事例から」（多賀秀敏・五十嵐誠一編著『東アジアの重層的サブリージョンと新たなアーキテクチュア』勁草書房、2020年、101-121頁）

中国朝鮮族の移動と東アジア
―元日本留学生の軌跡を辿る

2020年3月28日　初版第一刷

編著者　権香淑・宮島美花 ©2020

発行者　河野和憲

発行所　株式会社 彩流社

〒101-0051　東京都千代田区神田神保町3-10　大行ビル6階
電話　03-3234-5931
FAX　03-3234-5932
http://www.sairyusha.co.jp/

編　集　出口綾子

装　丁　福田真一［DEN GRAPHICS］

印刷　モリモト印刷株式会社

製本　株式会社難波製本

Printed in Japan　ISBN978-4-7791-2649-9 C0036